W0241403

F. X. TREML

DER KRÄUTER-COACH

Das Know-how – die Erfolgsgarantie

blv

INHALT

IN ALLER MUNDE 7

Kräuter für Geschmack, Gesundheit und Wohlbefinden 8

BEGRIFFE UND PRAXIS 13

Standort und Boden 14
Gießen 16
Säen, Pikieren, Pflanzen 19
Ernten und Aufbewahren 21

DIE WICHTIGSTEN KÜCHENKRÄUTER 23

Bärlauch 24
Basilikum 26
Beifuß 30
Bibernelle 32
Bohnenkraut 34
Borretsch 36
Brunnenkresse 38
Dill 40
Estragon 42
Kapuzinerkresse 44
Kerbel 46

Koriander 48
Gartenkresse 50
Liebstöckel 52
Lorbeer 54
Majoran 56
Minze 58
Oregano 62
Petersilie 64
Portulak 66
Rauke 68
Rosmarin 70
Salbei 72
Sauerampfer 76
Schnittlauch 78
Thymian 80
Tripmadam 84
Zitronengras 86
Zitronenmelisse 88
Zitronenverbene 90

Adressen und Literatur 92
Stichwortverzeichnis 93
Über den Autor 95

IN ALLER MUNDE

Aus der modernen Küche sind Kräuter nicht wegzudenken. Ohne die aromatischen Pflanzen geht rund um den Globus kulinarisch nichts. Die meisten der beliebtesten Küchenkräuter sind gar nicht so schwer selbst zu ziehen. Beachten Sie ein paar Dinge und werden Sie Besitzer eines eigenen Kräutergärtchens auf dem Balkon oder im Garten. Wir versuchen es Ihnen mit diesem Buch ein bisschen einfacher zu machen.

KRÄUTER FÜR GESCHMACK, GESUNDHEIT UND WOHLBEFINDEN

Frische Kräuter sind nicht nur lecker sondern auch gesund. Nicht umsonst werden Kräuter schon seit Jahrhunderten gezielt angebaut und in der Küche und Medizin eingesetzt.

Gesundheit und Wohlbefinden sind zu einem großen Teil davon geprägt, wie man sich ernährt. Oft sind schon kleine Veränderungen in den Ernährungsgewohnheiten dafür verantwortlich, ob und wann man sich besser fühlt. Und wie der tägliche Speiseplan aussieht, wirkt sich ja auch nicht unbedingt sofort aus, sondern hilft, die Lebensqualität zu steigern und die Gesundheit bis ins Alter zu erhalten. Kräuter bereichern jede Küche ungemein. Sie bringen Frische und Würze ins Essen und meist noch einen positiven Gesundheitsaspekt. Denn die meisten Küchenkräuter sind seit langer Zeit auch in der Phytomedizin als Heilpflanzen im Einsatz. Deshalb finden Sie in diesem Buch auch Hinweise auf positive und negative Einflüsse der einzelnen Kräuter bei bestimmten Zuständen, ohne dabei einen Anspruch auf Vollständigkeit und medizinische Wirksamkeit erheben zu wollen.

Die lange Tradition der Kräuter in Küche und Medizin

Bereits in antiken babylonischen, altägyptischen und chinesischen Schriften findet man Hinweise auf die Verwendung von Kräutern als Heilpflanzen bei bestimmten Leiden. In Europa nahmen sich schließlich im Mittelalter die Mönche und Nonnen in den Klöstern der Systematisierung der heilkräftigen Pflanzen an und kultivierten sie in ihren Klostergärten. Mit der Industrialisierung stiegen die technischen Möglichkeiten der synthetischen Medikamentenherstellung und das Interesse an den Kräutern nahm ab. Ende des 19. und im 20. Jahrhundert besann man sich aber wieder darauf, z.B. durch Sebastian Kneipp. Besonders auf dem Land wussten noch sehr viele Menschen über den Geschmack, den Anbau und die Wirksamkeit vieler Kräuter Bescheid und nutzten dieses Wissen in der Küche und der Hausmedizin. Exotische Gewürze waren noch nicht so verbreitet und sehr teuer, das nächste Krankenhaus war weit. Deshalb fanden und finden sich in traditionellen Bauerngärten zahlreiche Kräuter. Sehr viele geprüfte Medikamente, sogenannte Phytopharmaka, enthalten auch heute außer einigen Hilfsstoffen ausschließlich Inhaltsstoffe aus Heilpflanzen, statt chemisch hergestellter Substanzen.

Kräuter sind in der Ernährung heute wieder »in«. Mit der Globalisierung haben Einflüsse aus allen Teilen der Welt bei uns Einzug gehalten. Vor allem Gerichte aus der mediterranen, asiatischen, orientalischen und karibischen Küche. Und damit die dort verwendeten Kräuter wie Zitronengras, Koriander, Rucola, Thai-Basilikum etc. Sich gesund und schmackhaft zu ernähren ist ein großes Thema der Zeit in der westlichen Welt. Und zwar quer durch alle Altersschichten. »Superfood« aus aller Herren Länder gibt es in jedem Supermarkt. Die meisten Küchenkräuter sind echtes Superfood und viele davon sind bei uns sogar winterhart und dauerhaft kultivierbar.

Dill *(Anethum graveolens)* v. Lambert jr. nach einer Zeichnung von Pierre J. F. Turpin (1775–1840).

Kräuter selbst anbauen

Unser Buch soll dazu motivieren, verschiedene Kräuter selbst zu kultivieren und kreativ-experimentell in der Küche zu verwenden. Mit frisch aus dem Garten oder vom Balkon geholten Kräutern sieht das Essen nämlich toll aus und schmeckt noch besser. Probieren Sie es aus! Wenn Sie ein wenig Arbeitsaufwand akzeptieren können, lohnt der eigene Anbau von Kräutern gleich doppelt. Erstens ist es eine befriedigende Tätigkeit, selbst etwas zu ernten, und zweitens sparen Sie im besten Fall auch noch ordentlich Geld. Denn die Samentütchen aus dem Handel sind sehr ergiebig und kosten viel weniger als die fertigen Kräuter im Topf oder im Bund, die Sie im Supermarkt oder auf dem Wochenmarkt kaufen können. Sollten Ihnen die Erträge gar buchstäblich über den Kopf wachsen, können Sie die meisten Kräuter sehr gut konservieren. So kommen Sie mit Ihrer Ernte prima durch den Winter. Auch wenn Sie keinen Garten besitzen, können Sie viele Kräuterarten sehr gut im Topf oder in einem großen Gefäß auf dem Balkon oder der Terrasse ziehen. Für die dauerhafte Kultur auf der Fensterbank im Haus sind aus den verschiedensten Gründen allerdings nicht alle Arten geeignet.

Topfgarten mit verschiedenen Basilikum-Arten, Schnittlauch, Salbei und Thymian.

Wie Sie beginnen

Planen Sie schon im Winter, was Sie brauchen oder ausprobieren möchten. Bedenken Sie dabei unbedingt wie viel Platz Sie zur Verfügung haben. Kaufen Sie dann im Frühling das entsprechende Saat- oder Pflanzgut. Wenn es beim ersten Mal mit dem Heranziehen nicht klappen will, verzweifeln Sie nicht gleich. Lesen Sie noch einmal nach und starten Sie einen zweiten Versuch. Es spielen so viele Faktoren eine Rolle, da kann schon mal etwas schiefgehen, auch wenn Sie alle richtig gemacht haben. Sparen Sie nicht am falschen Ende und kaufen Sie magere Aussaaterde zum Säen und Qualitätserde für die Topfkultur, das erspart Ihnen viel Ärger.

Zur Handhabung dieses Buches

Der allgemeine Praxisteil des Buches ist bewusst schmal gehalten. Nichtsdestoweniger enthält er einige sehr wichtige grundlegende Informationen und Hinweise. Beachten Sie diese, bleiben Ihnen sicherlich einige Rückschläge erspart. Zu den einzelnen Kräutern, die wir alphabetisch nach den geläufigen deutschen Namen sortiert haben, beschreiben wir Ihnen noch vor den Angaben zum Anbau, wie die Pflanze aussieht und woher sie kommt. Wer sich ein Bild davon macht, wo die Pflanze ursprünglich wächst und was für Bedingungen dort herrschen, kann viel besser einschätzen und verstehen, was die Pflanze braucht oder nicht und warum. Eine Pflanze, die ursprünglich auf kargen Kalkfelsen am Mittelmeer zu Hause ist, wird sich einfach in einem schattigen Beet mit feuchtem, humosem Boden nicht wohlfühlen. Genauso wenig wie eine Pflanze aus den

Auwäldern Mitteleuropas in einem steingartenähnlichen Beet bestehen wird. Erstere werden Sie auch im Topf nicht viel gießen müssen, Letztere eben schon. Den Wasserbedarf und die Standortbedingungen zu jeder Pflanze beschreiben wir jeweils direkt im Porträt, genauso wie den Anbau und die Verwendung.

Entscheidungshilfe

Zu jedem Kraut finden Sie eine kurze »Entscheidungshilfe«. Darin steht, ob Sie die Pflanze leicht selbst aussäen können oder die Pflanze besser fertig beim Gärtner kaufen und dann zu Hause einpflanzen und pflegen. Letzteres raten wir zum Beispiel, wenn die Anzucht sehr langwierig ist oder nur wenige Pflanzen dieser Art pro Haushalt genügen. Weiter finden Sie eine Empfehlung, ob die Pflanze besser für das Beet im Garten oder den Topf auf dem Balkon bzw. der Terrasse geeignet ist. Viele Kräuter können in beidem gezogen werden, manche bieten sich aber aus bestimmten Gründen mehr für eine Variante an. Zum Beispiel Rosmarin, den man im Topf leicht an einem kühlen und hellen Ort überwintern kann, während er im Beet eventuell erfriert. Oder Petersilie, von der man so viel in der Küche verwendet, dass ein oder zwei Töpfchen schnell abgeerntet wären. Arten, die viel Wasser brauchen, sind im Topf generell nicht so gut aufgehoben (siehe Seite 16 f.). Pflanzen, die sehr wuchern, werden wiederum im Garten eventuell lästig, wohingegen eine Kultur im Topf keine Probleme bereitet.

Wir wünschen jedem angehenden Kräutergärtner sehr viel Freude und eine glückliche Hand bei dieser Arbeit. Genießen Sie die Kräuter als Lohn für Ihre Mühe. Wie sagte schon Hippokrates: »Lasst eure Nahrungsmittel Arznei und eure Arznei Nahrungsmittel sein.«

Aus der modernen, internationalen Küche sind frische Kräuter nicht mehr wegzudenken. Hier runden Dill und Basilikum die »Pasta Primavera« ab.

Blühender Gartenzaun
Rankende Sommer- und Spalierblumen

BEGRIFFE UND PRAXIS

Was versteht man eigentlich beim Standort genau unter »Halbschatten« und »humosem Boden«? Wir versuchen zu erklären, was beim Gießen »viel Wasser« im Vergleich zu »wenig Wasser« bedeutet und von was der Wasserbedarf der Kräuter abhängt. Auf was müssen Sie beim Säen achten und was meinen Gärtner mit »Pikieren«? Auch die richtige Ernte und Konservierung ist wichtig, dabei aber längst kein Hexenwerk.

STANDORT UND BODEN

Wo wächst welches Kraut am besten? In der Sonne oder im Schatten? Auf Lehm oder Sand? Der natürliche Standort in der Heimat der Pflanzen verrät es.

Sonne, Halbschatten oder Schatten?

In den folgenden Kräuterporträts beschreiben wir den bevorzugten Standort der jeweiligen Pflanze. Die meisten Kräuter stammen aus dem Süden und wachsen an sonnigen, warmen Plätzen am besten. Es gibt aber durchaus Kräuter, die den Halbschatten oder Schatten bevorzugen. Den Gästen aus dem Süden mit erhöhtem Wärmebedarf hilft ein Platz vor einer Steinmauer oder am Beetrand neben gepflasterten Wegen oder eine windgeschützte Ecke. Die Steine speichern Wärme, die der Pflanze zugutekommt. Achten Sie aber auf ausreichende Feuchtigkeit.

Thymian kommt gut mit trockenen, sonnigen Standorten und kargem Boden zurecht.

Was heißt Halbschatten?

Halbschatten meint all jene Plätze, die im Laufe eines Tages nicht die ganze Zeit entweder in der Sonne oder im Schatten liegen. Der Optimalfall liegt vor, wenn der Platz morgens und nachmittags besonnt ist, während der heißen Mittagsstunden aber im Schatten liegt. Meistens liegen halbschattige Beete aber an der Ost- oder Westseite eines Hauses, wo die Sonne entweder nur bis Mittag oder ab Mittag das Beet voll besonnt. Bei Bereichen unter lichten Bäumen spricht man von leichtem Schatten oder Streuschatten. Beobachten Sie bei einer Pflanze, die nicht in der Sonne steht, hohen Schädlingsbefall, zu geringe Aromabildung oder die Ausbildung sehr kleiner Blätter, steht sie eventuell zu schattig.

Der Boden

Zu viel Lehm im Boden ist für die meisten Kräuter nicht gut. Lehmiger Boden speichert viel Wasser, gibt an die Wurzeln aber wenig ab oder neigt zu Staunässe. Machen Sie die Krümelprobe: Lässt sich Ihr Boden leicht zu kleinen

Kügelchen kneten, ist der Lehm- und Tonanteil sehr hoch. Für den Anbau der meisten Kräuter sollte der Boden einen Sandanteil von mindestens 25 % haben. Arbeiten Sie also vor dem Pflanzen Sand unter und decken Sie die Oberfläche 1–2 Zentimeter hoch mit Sand ab, beim Pflanzen mit der Schaufel rieselt dann Sand in das Pflanzloch. Setzen Sie die Pflanze darauf und drücken Sie sie kräftig an. Durch den Sandanteil entsteht keine Staunässe und der Boden erwärmt sich schneller, sodass bessere Wachstumsbedingungen herrschen.

Was ist humos?

Humus ist bereits zersetzte organische Substanz in den oberen Bodenschichten. Die Ausgangsstoffe für Humus sind abgestorbene Pflanzen, Falllaub und tote Lebewesen aller Art. Die Bodenbewohner machen in verschiedenen Prozessen sogenannte Huminstoffe daraus. Durch die Mineralisierung im Boden werden daraus für die Pflanzen verfügbare Nährstoffe und Mineralstoffe. Sehr humose Böden weisen eine dicke Schicht dieses lockeren und nahrhaften Materials auf, wenig humose Böden nur eine dünne. Die Humusschicht in Ihrem Oberboden erkennen Sie leicht an der dunkelbraunen bis fast schwarzen Farbe.

Kompost und Dünger

Reifer Kompost besteht aus komplett verrottetem Pflanzenmaterial, das vom Menschen gesammelt und aufgeschichtet und danach von Kleinlebewesen und Mikroorganismen zersetzt wurde. Reifer Kompost aus Küchen- und Gartenabfällen enthält meist sehr viel Stickstoff und stellt daher einen guten Dünger dar. Als zusätzlichen biologischen Dünger kann man Hornspäne oder Hornmehl verwenden. Für Kräuter im Topf eignet sich Flüssigdünger am besten.

Der Bärlauch fühlt sich im Gegensatz zum Thymian nur im lichten Schatten und auf humosem Boden wohl. Er bevorzugt feuchte Standorte wie hier im Auwald.

GIESSEN

»Mäßig gießen« heißt es oft auf den Pflanzenetiketten. Aber was heißt denn das? Wir erklären den unterschiedlichen Wasserbedarf von Pflanzen und worauf es beim Gießen ankommt.

In den folgenden Kräuterporträts beschreiben wir, ob die Pflanze viel oder wenig Wasser braucht. Doch was ist viel und was wenig? Das kann fachlich gesehen nicht seriös pauschal in Millilitern ausgedrückt werden, denn das nötige Gießvolumen hängt von vielen Faktoren ab. Dafür brauchen Sie ein bisschen Gefühl, das Sie aber schnell bekommen. Im Folgenden erklären wir, warum und wann die Pflanzen viel oder wenig Wasser brauchen, und versuchen mittels Verhältnismäßigkeiten anschaulich darzustellen, was wenig und was viel Gießen bedeutet.

Kräuter im Topf brauchen aufgrund des geringen Substratvolumens öfter Wasser als Ausgepflanzte.

Einflussfaktoren

Ob man viel oder wenig gießen sollte, hängt auch vom vorhandenen **Boden bzw. Substrat** ab. Dessen Beschaffenheit sollten Sie sich einmal genauer ansehen (siehe dazu Seite 14). Ist der Boden sehr leicht und eher sandig, kiesig, hat er kein hohes Wasserspeichervermögen. Auf einem solchen Standort müssen Sie dieselbe Pflanze öfter gießen als auf einem schweren Boden mit hohem Tongehalt. Letzterer speichert mehr Wasser, kann dafür aber zur stehenden Nässe (Staunässe) neigen. Hier also lieber nicht so viel gießen. Das zur Verfügung stehende Wurzelvolumen ist ebenfalls ausschlaggebend. Pflanzen im Topf haben sehr wenig Substratvolumen zur Verfügung, aus dem sie Wasser ziehen können. Man muss also Kräuter im Topf häufiger gießen als Kräuter, die man in den Garten gepflanzt hat. Auch wenn es dieselbe Art ist. Zusätzlich kommt es auf die **Temperatur und Sonneneinstrahlung** an. An warmen Tagen verdunsten die Pflanzen viel mehr Wasser als an kühleren. Die Menge des verdunsteten Wassers hängt von der **Blattbeschaffenheit** ab. Hat die Pflanze weiche Blätter mit einer großen Oberfläche (z.B. der Bärlauch oder das Basilikum), verdunstet sie mehr Wasser als eine Pflanze mit kleinen oder nadelartigen Blättern bzw. Blättern mit einer ledrigen Oberfläche (z.B. Rosmarin oder Lorbeer).

Wann und was gieße ich?

Gießen Sie, wenn möglich, morgens. Die Pflanzen können das Wasser dann über den Tag bis zum Abend verbrauchen. Wenn Sie abends gießen, bleiben die Blätter länger nass, was eine Pilzinfektion begünstigt. Darüber hinaus versickert z.B. in einem leichten Boden dann viel vom Gießwasser, weil die Pflanze nachts nicht so viel Wasser benötigt. Tagsüber steht es dann nicht mehr zur Verfügung. Wer morgens keine Zeit zum Gießen hat, sollte über die Anschaffung einer automatischen Bewässerung nachdenken. Es gibt verschiedene Systeme für Balkon und Garten, zu denen Sie im Fachhandel Informationen finden. Wenn Sie die Möglichkeit haben, verwenden Sie Regenwasser. Es ist billig, umweltfreundlich und das Beste für Pflanzen. Leitungswasser wird chemisch aufbereitet und ist von der Wasserhärte (pH-Wert) her oft wesentlich unvorteilhafter für Pflanzen.

Gießmengen

Generell gilt: Lieber nicht zu viel gießen. Ständigen Trockenstress mögen die Pflanzen zwar auch nicht, von kurzen »Durststrecken« erholen

In großen Behältern können die Pflanzen auf einen großen Wasserspeicher zurückgreifen. Stehen sie dann noch für Regen erreichbar im Freien, müssen Sie nicht so oft gießen.

sie sich aber recht gut. Durch Staunässe kann man den meisten Pflanzen dagegen sehr schnell den Garaus machen. Die Wurzeln faulen dann und die Pflanze wird nicht mehr versorgt. Wenn also im Untersetzer eines Kräutertopfes noch Wasser stehen bleibt, einfach ausleeren und für andere Pflanzen verwenden. In unseren Breiten kommen im Garten ausgepflanzte Kräuter die meiste Zeit ohne zusätzliches Gießen aus. Es gibt aber im Sommer immer wieder Perioden, in denen es sehr wenig regnet oder extrem heiß ist. Dann kann man im Garten für einen Quadratmeter schon 8 bis 10 Liter verwenden, bei Temperaturen unter 15 Grad reicht auch ohne Niederschläge die Hälfte. In einem Gefäß auf dem Balkon gezogene Pflanzen müssen dagegen regelmäßig gegossen werden. Für einen Topf mit 12 cm Durchmesser reichen an einem heißen Tag für Kräuter mit großem Wasserbedarf 250 ml, für die mit wenig »Durst« 100 ml.

Ein Beispiel: Petersilie (in der Beschreibung mäßiger bis hoher Wasserbedarf) hat viel Blattmasse, braucht also eher mehr Wasser. Im Sommer gießen Sie hier auf einen Quadratmeter ca. 10 Liter, wenn es nicht regnet. Dem Rosmarin (geringer Wasserbedarf) reichen dagegen 5 Liter pro Quadratmeter, denn seine verholzenden Stängel speichern das Wasser länger und die nadeligen Blätter verdunsten weniger. Im Topf gießen Sie Petersilie im Sommer jeden Tag, Rosmarin nur 1–2 Mal pro Woche.

Man muss nicht jeden Tag gleich viel gießen. Manchmal reicht die Kontrolle, an heißen Tagen muss man dagegen eventuell sogar morgens und abends gießen. Stecken Sie einen Finger in die Erde, wenn Sie sich nicht sicher sind. Feucht? Dann ist alles in Ordnung. Krümelig, bröselig? Zu trocken. Nass, schwimmend? Zu viel! Nicht mehr gießen sondern abschütten, wenn irgendwie möglich.

Benötigte Wassermenge im Sommer pro Tag im Topf im Vergleich (v. li. n. re.): Bohnenkraut/Rosmarin/Thymian, Majoran, Dill/Estragon/Liebstöckel, Kapuzinerkresse/Minze/Petersilie, Bärlauch/Brunnenkresse.

SÄEN, PIKIEREN, PFLANZEN

Besonders beim Säen gilt es ein paar wichtige Grundregeln zu beachten, um erfolgreich Pflänzchen selbst zu ziehen.

Säen

Ob die Pflanze ein **Lichtkeimer** oder ein **Dunkelkeimer** ist, ist essenziell, deshalb finden Sie diese Information bei allen vorgestellten Kräutern. Deckt man die Samen eines Lichtkeimers (z. B. Basilikum) mit Erde ab, passiert nämlich gar nichts. Der Samen braucht das UV-Licht, um zu keimen. Drücken Sie diese Samen nur fest auf der Erdoberfläche an und halten Sie sie feucht. Andersherum gilt: Dunkelkeimer müssen mit Erde abgedeckt sein, sonst keimen sie nicht. Allerdings reicht hier auch eine Schicht, die gerade mal so dick ist wie der Samen selbst. Für sehr feine Sämereien ist eine dünne Schicht Quartzsand ausreichend.

Wenn Sie auf der Fensterbank vorziehen oder im Topf aussäen, sollten Sie im Aussaatgefäß zwischen den einzelnen Samen immer mindestens so viel Abstand lassen, wie der Samen groß ist. Im Garten säen Sie in Reihen oder breitwürfig. Bei **Reihensaat** ziehen Sie mit einem Werkzeug oder einem Finger eine 1 cm tiefe Rille in den Boden. Streuen Sie die Samen hinein, und decken Sie die Rille wieder locker mit Erde ab (bei Dunkelkeimern). Die Abstände zwischen den Rillen und einzelnen Pflanzen finden Sie in den Kräuterbeschreibungen. **Breitwürfig** heißt nichts anderes, als das Saatgut mit einem beherzten Handschwung über einer Fläche möglichst gleichmäßig auszustreuen und danach locker abzudecken (bei Dunkelkeimern!) und danach etwas anzudrücken.

Alle Samen sollte man feucht halten, d. h. nicht austrocknen lassen, aber auch nicht ertränken. Stehendes Wasser lässt die Samen faulen. Die meisten Sämereien keimen gut bei ca. 20 °C. Es gibt aber auch **Kaltkeimer**, die kühlere Temperaturen brauchen und bei höheren Temperaturen zwar keimen, dann aber gleich in die Blüte gehen (Petersilie z. B.). **Frostkeimer** (z. B. der

Markieren Sie die Saatreihe mit einer Schnur. So können Sie leichter jäten und sehen, ob die Saat aufgeht.

Hier wurden kleine Basilikum-Pflänzchen, allerdings etwas früh, in ein größeres Gefäß vereinzelt.

Das Töpfchen aus verrottendem Material soll mit der Beetoberfläche abschließen, wie in der hinteren Reihe.

Bärlauch) brauchen einen Kältereiz, um zu keimen, und werden daher besser im Herbst gesät, damit sie im nächsten Frühjahr aufgehen. Das heute gehandelte Saatgut keimt sehr gut. Bedenken Sie also vor der Aussaat, für wie viele Pflanzen Sie Platz und Bedarf haben.

Pikieren

Pikieren ist der Fachausdruck für Vereinzeln. Das muss man nicht immer, z.B. nicht, wenn man einzeln in Presstöpfe aussät. Es heißt nichts anderes, als Pflänzchen aus dem dichten Bewuchs der Aussaatschale in ein größeres Gefäß umzusetzen. Dazu warten Sie, bis das zweite Blattpaar erschienen ist. Dann heben Sie die Erde unter den jungen Pflänzchen vorsichtig mit einem Pikierstab oder jedem anderen kleinen Stab an und ziehen die Pflänzchen mit den zarten Wurzeln vorsichtig heraus. Anschließend piksen Sie mit dem Stab oder dem Finger ein passendes Loch in die Erde im größeren Gefäß und setzen den Sämling hinein. Drücken Sie ihn vorsichtig an. Ein wenig angießen nicht vergessen! Diese Pflänzchen wachsen dann sehr schnell weiter und dürfen dann in einen Topf oder in den Garten umziehen. Bei der Direktsaat im Garten entfernen Sie einfach die schwächeren Pflanzen nach dem Aufgang der Saat. Pflanzen, die genügend Platz haben, wachsen besser und bleiben gesünder.

Pflanzen

Fertige, gekaufte Pflanzen für den Garten topfen Sie am besten bald aus und pflanzen sie in den Garten. Setzen Sie die Pflänzchen nicht zu tief oder zu hoch in die Erde. Die Oberkante des Pflanzballens sollte auf gleicher Höhe mit der umliegenden Erdoberfläche des Gartens sein. Zu tief gepflanzte Kräuter verfaulen schnell, zu hoch gesetzte vertrocknen leicht.

ERNTEN UND AUFBEWAHREN

Die schönste Arbeit für jeden Gärtner ist die Ernte. Wenn man den Lohn der Mühe sehen und im Fall von Kräutern auch gleich oder später verspeisen kann.

Ernten

Kräuter für die sofortige Verwendung kann man zu jeder Tageszeit abschneiden. Schneiden Sie am besten mit einem scharfen Messer, eine stumpfe Schere quetscht die verbleibenden Triebe zu sehr. Wenn Sie mehrmals ernten wollen, achten Sie darauf, immer 1–2 cm der Triebe stehen zu lassen, damit die Pflanze nachtreiben kann. Kräuter, die zum Trocknen gedacht sind, ernten Sie am besten am frühen Vormittag. Dann sind die meisten Inhaltsstoffe enthalten. Bündeln Sie die Stiele, binden Sie sie mit einem Faden oder Haushaltsgummi zusammen und hängen Sie sie kopfüber an einem schattigen, luftigen Platz auf.

Aufbewahrung

Schneiden Sie die getrockneten Kräuter erst klein, wenn das Pflanzenmaterial ganz trocken ist. Bei Pflanzen mit harten Stielen zupfen Sie nur die Blätter ab. Füllen Sie die Kräuter in gut schließende Gefäße wie Schraubgläser, Dosen, evtl. auch Papiertüten. Bewahren Sie sie bei Zimmertemperatur und am besten dunkel auf. Die meisten Kräuter kann man circa drei Jahre aufbewahren, manche halten das Aroma auch länger (z. B. Minze, Melisse).

Möchten Sie die Kräuter einfrieren, tun Sie das am besten bereits gehackt und portionsweise, z. B. in Eiswürfelbehältern. Dann haben Sie immer praktische, kleine Mengen zum Kochen zur Hand. Manche Aromen, wie z. B. von Bärlauch oder Basilikum, macht man am besten in Öl oder als Pesto haltbar. Andere wiederum lassen sich am besten in Essig konservieren (Estragon, Kapuzinerkresse): der Geschmack von nur einem Stiel Estragon verleiht der ganzen Flasche Essig ein unverwechselbares Estragon-Aroma.

Machen Sie die Bündel nicht zu dick, damit die Kräuter im Inneren nicht faulen, sondern rasch durchtrocknen.

DIE WICHTIGSTEN KÜCHENKRÄUTER

Küchenkräuter gibt es unwahrscheinlich viele. Nicht alle sind gleichermaßen beliebt, andere wiederum gedeihen bei uns nicht gut. Wir stellen Ihnen die Kultur von 30 populären und gut zu ziehenden Kräutern vor.

BÄRLAUCH

(Allium ursinum), auch »Waldknoblauch« oder »Knoblauchspinat« genannt, gehört zur Familie der Zwiebelgewächse, was man bei einem Waldspaziergang im Frühling recht gut riechen kann.

Beschreibung

Bärlauch ist eine mehrjährige, winterharte, krautige Pflanze, die ca. 15–40 cm hoch wird. Die Blätter sind kräftig grün und weich. Sie sind länglich, spitz zulaufend und werden ca. 25 cm lang. Die Pflanze blüht je nach Region ab Ende März bis Mai. Hierbei schieben sich frischgrüne Stängel aus der Blattrosette, die Scheindolden mit bis zu 20 sternchenförmigen, weißen Einzelblüten tragen.

Herkunft und Vorkommen

Bärlauch ist in großen Teilen Europas heimisch. Er wächst in Auwäldern in humusreichen, feuchten Böden im Halbschatten bis Schatten. Er treibt im zeitigen Frühjahr aus und nutzt so das Sonnenlicht, bevor die Bäume ihr Laub entfalten. Ab Ende Juni beginnt der Bärlauch »einzuziehen«, das heißt, die oberirdischen Teile bilden sich zurück und die Samen fallen aus. Aus der im Boden überdauernden Zwiebel bilden sich im nächsten Frühjahr neue Blätter. Am geeigneten Standort samt der Bärlauch sich eifrig selbst aus und bildet große Teppiche, die weithin nach Knoblauch »duften«.

Anbau

Bärlauch braucht feuchte, humose Böden in eher schattiger Lage. Es sollte aber im Frühling noch genügend Sonnenlicht bis zum Boden gelangen, wie z. B. unter Laubbäumen. Direkte Sonne und saure Böden mag er nicht. Die Aussaat von Bärlauch ist langwierig. Er ist ein **Kaltkeimer**, d. h., er benötigt mehrere Wochen kalte Temperaturen. Bärlauch braucht diese Phase sogar zweimal binnen zwei Jahren. Die Keimdauer beträgt also zwischen 14 und 24 Monaten! Wer es trotzdem probieren will, sollte am besten im September direkt an einen passenden Gartenplatz ca. zwei cm tief säen. Einfacher ist es, Steckzwiebeln oder fertige Pflanzen im Topf zu kaufen und diese jederzeit (außer bei Frost) auszupflanzen. Wenn Sie die ersten Jahre nur wenig ernten, vermehrt sich der Bärlauch von selbst. Für den Topf ist Bärlauch nicht geeignet, denn er zieht im Juni ein und dann ist keine Pflanze mehr zu sehen. Im Garten fällt das nicht auf, wenn man den Bärlauch zusammen mit schattenliebenden Stauden wie Funkien, Astilben oder Farnen pflanzt. Bärlauch braucht viel Wasser, deshalb ist er im Topf austrocknungsgefährdet. Sollte der Platz im Garten nicht von Natur aus feucht sein, müssen Sie zwischen Februar und Mai gießen (ca. 20 l pro m^2 und Woche), wenn es nicht regnet.

Ernte und Verwendung

Man erntet nur die Blätter, und zwar am besten, bevor die Pflanze blüht, dann ist der Geschmack am intensivsten. Beim Trocknen und Einfrieren verliert der Bärlauch viel Aroma. Deshalb ist Bärlauch am leckersten frisch in Salaten und Suppen. Am besten konserviert man Bärlauch, indem man ein Pesto davon herstellt. Bärlauch schmeckt ähnlich wie Knoblauch, ist aber nicht ganz so scharf. Er enthält viel schwefeliges ätherisches Öl, Alliin, Glycoside, Fructosane, Vitamin C und Eisen. Die Inhaltsstoffe wirken harntreibend, blutdrucksenkend, antiseptisch, gegen Gefäßverkalkung und unterstützen die Eisenaufnahme im Körper.

Deutlicher Unterschied zum Maiglöckchen: die weißen Sternchenblüten des Bärlauchs.

Tremls Kräuterwissen

Achtung! Wer Bärlauch wild sammelt, sollte aufpassen, denn Bärlauchblätter ähneln den giftigen Blättern des Maiglöckchens und der Herbstzeitlose sehr. Unterscheiden kann man sie aber leicht am Knoblauchgeruch, der beim Maiglöckchen und der Herbstzeitlosen fehlt.

ENTSCHEIDUNGSHILFE

Pflanzen oder Steckzwiebeln kaufen
Im Garten ziehen

....

BASILIKUM

(Ocimum basilicum), auch »Königskraut« genannt, gehört zu den Lippenblütlern und trat spätestens mit der »Caprese«, dem italienischen Tomaten-Mozzarella-Salat, seinen Siegeszug durch deutsche Küchen an.

Beschreibung

Basilikum ist eine aufrecht wachsende, einjährige bis ausdauernde krautige Pflanze, die Wuchshöhen von 20 bis 60 cm erreicht und nicht winterhart ist. Die Blätter sind eiförmig und weich sowie leicht behaart. Basilikum blüht von Juni bis September mit weißen Lippenblüten in vielblütigen Ähren. Es gibt auch rosa blühende Sorten. Kleinblättrige Sorten sind meistens aromatischer, aber viel wärmebedürftiger. Für den Garten werden meistens großblättrige Formen verwendet.

Herkunft und Vorkommen

Basilikum wächst wild im tropischen Asien und Afrika, wo es durchgehend sehr warm ist, denn die Pflanze ist sehr licht- und wärmebedürftig. Temperaturen unter 10 °C führen zu Wachstumsstockungen. Bis auf ein paar asiatische Vertreter sind die meisten Basilikumarten und -sorten einjährig, d.h., man muss sie immer neu aussäen.

Anbau

Basilikum benötigt einen sonnigen Platz mit humosem, durchlässigem und gut gedüngtem Boden bzw. einen Topf mit guter Blumenerde, denn Basilikum ist eine hungrige Pflanze. Um den Schädlingsdruck zu minimieren, sollte man jedes Jahr einen neuen Topf oder einen neuen Platz im Garten benutzen.

Ziehen Sie Basilikum auf der Fensterbank vor, denn die optimale Keimtemperatur liegt bei 20 °C. Säen Sie dafür ab Anfang April in Aussaaterde aus. Aber Achtung: Basilikum ist ein **Lichtkeimer**, den Samen also nie mit Erde abdecken. Setzen Sie die vereinzelten Jungpflanzen nicht vor den Eisheiligen ins Beet oder tragen Sie die Töpfe ins Freie, denn kalte Temperaturen verträgt das Basilikum überhaupt nicht. Düngen Sie das Basilikum im Topf ab und an mit Flüssigdünger, im Garten mit reifem Kompost. Zu stark gedüngte Pflanzen wachsen stark, bilden aber weniger ätherische Öle. Der Geschmack lässt dann zu wünschen übrig. Im Beet werden Basilikumpflanzen leider gerne Opfer von gefräßigen Schnecken.

Wenn Sie eine fertige Pflanze kaufen wollen, dann tun Sie es beim Gärtner. Denn die Pflanzen aus der Gemüseabteilung des Supermarkts sind für den sofortigen Verzehr und nicht für die Weiterkultivierung bestimmt. Sie gehen zu Hause oder im Garten schnell ein. Diese Pflanzen wurden unter optimalen Bedingungen vom Profi im Gewächshaus sehr schnell herangezogen. Sie erleiden zu viel Stress beim Umzug ins private Freie und dem dann meist folgenden Nährstoff- und Wassermangel. Basilikum braucht mittelmäßig viel Wasser. Wichtiger als die Menge ist die Gleichmäßigkeit. Der Boden sollte nie ganz austrocknen, richtig nass darf er aber auch nicht sein.

Diese Basilikumpflanzen warten auf den Umzug in einen großen Topf oder ins Beet.

Ernte und Verwendung

Den meisten Gehalt an ätherischen Ölen enthalten die Blätter vor der Blüte. Bei der Ernte schneiden Sie die Stängel so weit über dem Boden ab, dass einige Blattachseln mit Blättern

Schmeckt gut und sieht auch noch äußerst dekorativ aus: Basilikum 'African Blue'.

an der bestehenden Pflanze verbleiben. So kann das Basilikum nachwachsen und Sie können mehrmals ernten. Wer viel Basilikum verwendet sollte öfter nachsäen.

Basilikum verliert beim Trocknen sehr viel Aroma. Besser ist es, die Blätter in Eiswürfeln einzufrieren oder in Öl einzulegen und den Geschmack so zu bewahren. Das »normale« Genoveser Basilikum schmeckt süß-würzig und angenehm pfeffrig. Man sollte es nicht mitkochen, es verliert dabei das Aroma. Basilikum passt zu Salaten, Tomatensuppe, Fleisch und Fisch, zu Pizza und vielem mehr. Bei asiatischen Basilikumarten variieren der Geschmack und die Art der Verwendung (siehe folgende Seiten). Als Tee heiß aufgebrüht, beruhigt Basilikum die Nerven, soll gegen Schlaflosigkeit und Magen- und Darmkrankheiten helfen. Basilikum fördert die Milchbildung bei stillenden Frauen und wirkt entzündungshemmend.

Tremls Kräuterwissen

Wir stellen jedes Jahr ein mehrjähriges Basilikum auf unsere Terrasse. Das hält viele stechende Insekten von uns ab: Fliegen mögen den Basilikumgeruch nicht. Andere Insekten dagegen lieben die Blüten des Basilikums und lassen die Menschen dann in Ruhe. Und wenn man doch erwischt wird: Zerquetschte Basilikumblätter, direkt auf Insektenstiche oder entzündete Wunden aufgetragen, lindern den Juckreiz. Bei Reisen in tropische Länder empfehle ich getrocknetes Tulsi (siehe unten) für die Reiseapotheke gegen Durchfallerkrankungen.

Verschiedene Arten und Sorten von Basilikum

Genoveser Basilikum *(Ocimum basilicum* 'Genovese') ist das bekannteste Basilikum. In jedem Supermarkt wird es im Topf zum Kauf angeboten. Es hat leuchtend grüne, glänzende Blätter und ist sehr ertragreich. Von dieser Sorte bei der Ernte nie die Spitze wegnehmen, nur die seitlichen Blätter abnehmen. Es passt natürlich gut zu italienischen Gerichten und wird gern als Pesto verwendet. Innerhalb der Gattung Basilikum gibt es noch viele weitere Arten und Sorten, die sich als Küchenkraut anbieten.

Indisches Basilikum *(Ocimum tenuiflorum)*

Das Indische Basilikum ist auch unter dem Namen »Tulsi« bekannt. Die Heilpflanze hilft sehr gut bei Magen- und Darmerkrankungen. Die Pflanze wird bis zu 100 cm hoch und besitzt kleinere, fein behaarte Blätter. In Thailand kennt man die Pflanze unter dem Namen »Krapao«.

Basilikum 'African Blue' *(Ocimum kilimandscharicum × basilicum purpurascens* 'African Blue')

Die Pflanze mit den violetten Stängeln und Blattadern sowie dunkelrosa Blüten wird auch Afrikanisches Strauchbasilikum genannt. Sie kann bis zu 100 cm hoch werden, ist mehrjährig und hat einen wunderbaren, kräftigen Duft. Strauchbasilikum ist relativ tolerant kühleren Temperaturen gegenüber und kann an einem hellen Ort bei 8–12 °C überwintert werden. Beim Trocknen verliert dieses Basilikum weniger Aroma als andere Sorten. Frisch und ungekocht verwendet schmeckt es dennoch am besten.

Zitronen- oder Limonen-Basilikum *(Ocimum citriodorum)*

Dieses Basilikum wird vor allem in Südasien und Nordost-Afrika kultiviert und verwendet. Es hat schmalere, gelbgrüne Blätter mit starkem Zitrusduft. Die Pflanze wird 20–40 cm hoch und braucht sehr viel Licht. Der Geschmack ist frisch und zitronig-pfeffrig. Es passt am besten zu Fisch und Geflügel, sowie zu Curry aller Art. Es wird in Thailand unter der Bezeichnung »Manglak« verwendet.

Zitronenbasilikum passt mit seinem frischen Geschmack zu sehr vielen Speisen – auch zu Süßem.

Thai-Basilikum *(Ocimum basilicum* var. *thyrsiflora)*

Darunter verstehen wir das in Thailand »Horapha« genannte Basilikum mit dem typischen Anis- und Lakritzduft. Die Pflanze hat violette Stängel und rosa-violette Blüten. Die Blätter sind sehr weich. Die Pflanze wächst kompakt und bis ca. 50 cm hoch. Die Blätter finden vor allem Verwendung in Suppen und Curry.

Rotes Basilikum *(Ocimum basilicum* var. *purpurascens* 'Red Rubin')

Dies ist ein optisch reizvolles Basilikum mit dunkelroten bis dunkelvioletten Blättern und sehr mildem Basilikumduft. Die Pflanze wird sehr buschig und bekommt mit bis zu 6 cm langen Blättern relativ großes Laub. Geschmacklich ähnelt 'Red Rubin' dem klassischen Genoveser Basilikum.

ENTSCHEIDUNGSHILFE

Leicht zu säen
Gut im Topf zu ziehen

BEIFUSS

(Artemisia vulgaris), auch »Gänsekraut« genannt, ist eine Gewürzpflanze aus der Familie der Korbblütler und eng mit dem Wermut *(Artemisia absinthium)* verwandt.

Beschreibung

Beifuß ist ein mehrjähriges, winterhartes, bis 150 cm hochwachsendes Kraut. Er hat aufrechte dunkle Stängel, oberseits grüne, unterseits grau behaarte gefiederte Blätter und kleine, fast runde, gelbliche Blüten, die aus vielen einzelnen Röhrenblüten bestehen. Sie erscheinen von Juli bis September.

Herkunft und Vorkommen

Die Heimat des Beifußes sind die Steppen Amerikas bis zu den Tundren Sibiriens, in den Steppen Zentralasiens wachsen niedrige Sorten. Mittlerweile ist Beifuß aber weitverbreitet und besiedelt in Deutschland als Ruderalpflanze wild gerne nährstoffreiche Böden auf und neben landwirtschaftlich genutzten Flächen. Er ist ausdauernd und seine starke Pollenproduktion kann Allergikern sehr zu schaffen machen.

Anbau

Beifuß wächst auf jedem Boden im Halbschatten oder in der Sonne. Er ist recht anspruchslos, verträgt allerdings keine Staunässe und im Topf auch keine Trockenheit. Bei Staunässe faulen die Wurzeln und bei Trockenheit bekommt er sofort braune Blätter. Suchen Sie für den Beifuß also entweder einen Platz im Garten mit durchlässigem Boden oder verwenden Sie ein großes Gefäß. Gießen Sie den Beifuß im Topf mäßig, im Garten ist Gießen normalerweise nicht nötig. Beifuß ist ein **Lichtkeimer**, daher die Samen nur leicht andrücken und nicht mit Erde abdecken. Beifuß muss nicht vorgezogen werden und kann ab April direkt in den Topf oder das Beet gesät werden. Dabei genügend Abstand (mind. 30 cm) zwischen den einzelnen Pflanzen halten. Da Beifuß sich sehr stark selbst aussamt, ist es ratsam, im Herbst die verblühten Blütenstände abzuschneiden, wenn man eine unkontrollierte Ausbreitung verhindern möchte. Die Pflanze schneidet man im folgenden Frühjahr (März) bis auf ein paar Zentimeter über den Boden zurück, sodass sie neu austreiben kann. Beifuß ist unempfindlich gegenüber Krankheiten und Schädlingen.

Ernte und Verwendung

Die Stängel mit den Blättern erntet man am besten Ende Mai noch vor der Blüte, dann enthalten sie viele Inhaltsstoffe, sind aber noch nicht so bitter. Man kann ruhig beherzt ernten, die Pflanze regeneriert sich wieder und verzweigt sich durch den »Rückschnitt« üppiger. Beifuß schmeckt würzig und etwas bitter. Wer es nicht so bitter mag, streift die Blätter ab und verwendet nur die Stängel. Die Pflanze enthält ätherische Öle, Bitterstoffe, Inulin, die Vitamine A, B und C, Gerbstoffe und Thujon. Beifuß wirkt appetitanregend und verdauungsfördernd sowie wehen- und menstruationsfördernd. In der Schwangerschaft deshalb lieber meiden! Beifuß verwendet man frisch und getrocknet und kocht ihn in jedem Fall mit. Er macht einen fetten Braten (z.B. Ente, Gans, Schwein) würziger und leichter verdaulich.

Getrockneten Beifuß kann man in einem Kräutersäckchen für erholsamen Schlaf unter das Kissen legen.

Tremls Kräuterwissen

Es heißt, wer Beifuß im Haus hat, der braucht den Teufel nicht zu fürchten. Er gehört auch zu den Kräutern, mit denen man in den Raunächten die Häuser und Ställe gegen böse Geister ausräuchert. Außerdem wird ihm eine aphrosidisierende Wirkung nachgesagt.

ENTSCHEIDUNGSHILFE

Leicht zu säen
Besser im Garten

....

BIBERNELLE

(Pimpinella saxifraga), die Kleine Bibernelle, gehört zu den Pimpinellen und ist ein Doldenblütler. Sie ist nicht mit dem Kleinen Wiesenknopf *(Sanguisorba minor)* verwandt, der ebenfalls oft als Bibernelle oder Pimpinelle bezeichnet wird.

Beschreibung

Die Kleine Bibernelle ist eine winterharte, mehrjährige Pflanze. Sie wird bis 50 cm hoch und blüht ab Juni bis September mit großen, weißen Dolden. Die unteren Laubblätter sind grundständig, das heißt, sie bilden eine niedrige Blattrosette. Sie sind einfach unpaarig gefiedert mit drei bis neun länglich-ovalen, gesägten Teilblättern. Die Pflanze besitzt eine dicke Pfahlwurzel.

Herkunft und Vorkommen

Die Bibernelle kommt aus lichten, trockenen Wäldern. Das Verbreitungsgebiet erstreckt sich über das nördliche Europa bis Zentralasien. Sie ist bei uns heimisch und wächst auf Magerwiesen auf leichten Böden. Es gibt viele Doldenblütler, die ihr ähneln, dabei aber giftig sind. Die große Bibernelle ist ihr sehr ähnlich, unterscheidet sich aber durch kantige Stängel und die Vorliebe für feuchte, nährstoffreiche Standorte.

Anbau

Die Kleine Bibernelle braucht einen leichten, nährstoffreichen, durchlässigen Boden. Garten- oder Blumenerde mischt man daher am besten mit Sand. Sie benötigt einen sonnigen Platz.

Die Kleine Bibernelle kann man ganzjährig aussäen. Am besten sät man jedoch entweder im Februar/März oder erst im Spätsommer zur Überwinterung. Ein wenig Geduld muss man bei der Aussaat allerdings haben. Die Keimdauer beträgt drei bis vier Wochen. Man sollte zu dicht gesäte Bibernelle nicht vereinzeln, sondern nur ausdünnen, d.h. direkt am endgültigen Platz säen und so viele schwächere Jungpflanzen entfernen, bis alle übrig gebliebenen genug Platz haben. Einfacher ist es, vorgezogene Pflanzen zu kaufen, die es aber nicht überall gibt, sondern eher in speziellen Kräuter- oder Staudengärtnereien.

Die große Bibernelle *(Pimpinella major)* bietet einen geringeren Gehalt an Inhaltsstoffen.

Die Pflanze braucht nicht viel Wasser. Im Topf sollte man sie wenig gießen, im Garten reichen unsere normalen Niederschlagsmengen aus. Ist der Boden zu feucht, werden die Blätter braun und rollen sich ein. Man kann die Pflanze regelmäßig zurückschneiden und beernten, sie wächst das ganze Jahr nach. Sie braucht in Blumenerde oder im Gartenboden keinen zusätzlichen Dünger.

Ernte und Verwendung

Es können hier die Blätter und die Wurzeln verwendet werden. Die Blätter erntet man jung im Frühjahr, die Wurzeln im Herbst. Bibernelle enthält Saponine, ätherisches Öl, Bitterstoffe, Gerbstoffe, Cumarine und Polyacethylene, die schleimlösend, harntreibend, appetitanregend, verdauungsfördernd, krampflösend und steinlösend wirken. Man verarbeitet die Blätter frisch für Salat, als Suppeneinlage und zu Kräuterbutter. Die Stiele lässt man weg, denn sie schmecken bitter. Die Wurzel gräbt man im Herbst aus, säubert sie und hängt sie zum Trocknen auf. Sie hat einen sehr würzigen, scharfen Geschmack und soll bei Erkrankungen in der Mundhöhle und bei schlecht heilenden Wunden helfen. Eingesetzt wird sie hauptsächlich in der Zubereitung als Tee gegen Nieren- und Blasensteine und Sodbrennen.

Entscheidungshilfe

Säen oder fertige Pflanze kaufen
Besser im Garten

....

BOHNENKRAUT

(Satureja montana), das Berg-Bohnenkraut oder Winter-Bohnenkraut gehört zu den Lippenblütlern. In der Küche und als Heilpflanze kommt es schon sehr lange zum Einsatz.

Beschreibung

Das Berg-Bohnenkraut ist ein mehrjähriger, immergrüner und winterharter Halbstrauch. Die Pflanze wächst dicht buschig, wird 30–40 cm hoch und auch genauso breit. Stängel und Stiele sind verholzend. Die Blätter sind schmallanzettlich, ledrig und nur 1–3 cm lang. Sie zeigen oft rötliche Streifen. Die weißen, rosafarbenen oder violetten Blüten erscheinen in Mitteleuropa von Juli bis September.

Herkunft und Vorkommen

Das Berg-Bohnenkraut stammt – wie der Name schon sagt – aus den Gebirgsregionen Südeuropas. Es wächst auf kargen, steinigen Böden in trockenen, warmen Regionen.

Anbau

Das Berg-Bohnenkraut ist keine anspruchsvolle Pflanze, benötigt aber einen durchlässigen Gartenboden. Das heißt, nicht in lehmige Böden setzen, sondern lieber in sandige. Es verträgt keine Staunässe, deshalb sollte man auch bei der Kultur im Topf Sand zur Erde geben. Aufgrund seiner Herkunft benötigt das Berg-Bohnenkraut unbedingt einen vollsonnigen Standort, um gut zu gedeihen. Es braucht wenig Wasser, im Topf also nur sehr wenig gießen! Im Garten ist Gießen nicht notwendig. Steht das Kraut zu nass, bekommt es braune Blätter. Bohnenkraut kann man nach den Eisheiligen direkt im Topf oder Beet aussäen. Es ist ein Lichtkeimer und muss nur etwas auf der Erde angedrückt werden, nicht abgedeckt. Nach dem

Winter, etwa im Februar/März, schneidet man das Bohnenkraut bis etwa eine Handbreit über den Boden zurück. Düngen muss man die Pflanze nicht. Sehr nährstoffreiche Erde verschlechtert sogar die Winterhärte des Krauts. Im Supermarkt gibt es eigentlich nur das Sommer-Bohnenkraut *(Satureja hortensis)* zu kaufen. Letzteres ist eine einjährige Pflanze. Inhaltsstoffe und Wirkung sind ähnlich, es ist weniger herb, enthält aber auch weniger ätherische Öle etc. Es ist dem Berg-Bohnenkraut im Aussehen und in den Ansprüchen recht ähnlich, mag es aber ein wenig feuchter und nährstoffreicher und verträgt keinen Frost. Deshalb sät man diese Art im Haus aus, zieht die Sämlinge auf der Fensterbank vor und setzt sie erst nach den Eisheiligen und der Bildung des dritten Blattpaares nach draußen.

Ernte und Verwendung

Die Blätter und Stiele, sogar die Blüten kann man verarbeiten. Bohnenkraut kann man frisch verwenden, einfrieren oder trocknen. Das Berg-Bohnenkraut schmeckt etwas herb und pfeffrig. Es enthält ätherische Öle (Thymol, Cymol) sowie Gerbstoffe und wirkt stärkend für Magen und Herz, verdauungsfördernd, krampflösend und entzündungshemmend. Die Aromen und Inhaltsstoffe von Bohnenkraut gehen beim Kochen nicht verloren, sondern erleichtern bei blähenden Speisen die Verdauung. Es passt gut zu allen Hülsenfrüchten, zu Eintöpfen, Lamm und Fisch. Eine Variante des Berg-Bohnenkrauts, die zitronenfrisch riecht und schmeckt, ist das Zitronen-Bohnenkraut *(Satureja montana* var. *citriodora)*.

Tremls Kräuterwissen

Dieses Kraut war früher ein Bestandteil von Liebestränken und wurde Menschen, die man an sich binden wollte, gegeben. Mit Bohnenkrauteinreibungen kann man Katzen und Hunde von Flöhen befreien. Blattläuse mögen Bohnenkraut ebenfalls nicht in der Nachbarschaft.

Berg-Bohnenkraut wächst buschig und verträgt auch den heißen Platz am Beet-Rand.

Getrocknet bleibt Bohnenkraut in gut schließenden Behältern lange sehr aromatisch.

Borretsch

(Borago officinalis), wird wegen seines Geschmacks auch »Gurkenkraut« genannt. Aufgrund seiner wunderschönen blauen Blüten heißt er mancherorts aber auch »Augenzier«.

Beschreibung

Borretsch ist eine einjährige Pflanze, die bis 50 cm hoch wird. Die dicken Stängel und die Blätter sind borstig behaart. Das Laub ist eiförmig, bis 15 cm groß, derb und dunkelgrün. Unverwechselbar machen ihn seine himmelblauen, sternchenförmigen Blüten, die von Juni bis September erscheinen.

Herkunft und Vorkommen

Borretsch kommt aus dem Vorderen Orient und dem Mittelmeerraum. Er wächst dort vor allem auf Ackerbrachflächen. Schon seit dem Mittelalter wird er in Mitteleuropa kultiviert.

Anbau

Borretsch wächst am besten auf nicht zu trockenen Böden in voller Sonne. Aussäen kann man ihn ab April. Am besten sät man direkt an Ort und Stelle im Garten oder Topf. Säen Sie nicht zu dicht: alle 10 cm ein Korn reicht. Wer Borretsch vorziehen möchte, sollte das in einzelnen Töpfen tun, die man mit auspflanzen kann (z. B. Presstöpfe), denn Borretsch ist ein Pfahlwurzler, der nicht gerne umgesetzt wird. Den Samen sollte man gut mit Erde bedecken, da Borretsch ein **Dunkelkeimer** ist. Lassen Sie die Saat anschließend nicht austrocknen. Borretsch sät sich selbst im Garten aus, wenn man die Samenstände im Herbst an der Pflanze lässt.

Ernte und Verwendung

Sie können vom Borretsch sowohl die Blätter als auch die Blüten verwenden. Die Blätter duften frisch nach Gurke und schmecken am besten noch vor der Blüte. Schneiden Sie sie klein, damit die borstigen Haare des Laubs nicht den Genuss stören. Borretsch-Blätter passen zu Saucen, Aufstrichen, Fischgerichten und Salaten. In Italien wird Borretsch wie Blattspinat gekocht und als Füllung für Ravioli oder für Risotto verwendet. Die Blüten können Sie frisch als essbare Verschönerung in Salate geben oder kandieren und Torten und Süßspeisen damit garnieren. Aufbewahren lässt sich Borretsch nicht gut.

Borretsch enthält ätherische Öle, Gerbstoffe, Saponin, Asparagin, Kieselsäure, Harze und Vitamin C. Die enthaltene γ-Linolensäure ist positiv bei Neurodermitis. Allerdings weist Borretsch auch bestimmte Alkaloide auf, die in größeren Mengen giftig sind und die Leber schädigen. Borretsch sollte man also in Maßen genießen.

Tremls Kräuterwissen

Der keltische Wortstamm »borrach« bedeutet »Mut«. Zusammen mit Ochsenzungenblüten und Duftveilchen wandte man Borretschblüten bis zum 19. Jahrhundert als Mittel gegen Traurigkeit und Herzschwäche an. Aufgrund des Gehalts an toxischen Alkaloiden wird dies heute nicht mehr geraten.

ENTSCHEIDUNGSHILFE

Leicht zu säen
Im Garten ziehen

Bienen lieben Borretsch. Honig davon muss man wegen der Alkaloide aber mit anderem Honig mischen.

Zwei Kräuter für sommerlich-frische Gurkenrezepte: Dill (links oben) und Borretsch (unten).

BRUNNENKRESSE

(Nasturtium officinale) wird auch »Wasserkresse« genannt. Sie gehört zu den Kreuzblütlern und war schon bei den Römern als Salatpflanze bekannt und beliebt.

Beschreibung

Brunnenkresse ist eine winterharte, wintergrüne mehrjährige Sumpf- bzw. Wasserpflanze. Sie hat hohle runde Triebe, die bis zu 70 cm lang werden können und im Wasser liegen. Meist wird sie bis 30 cm hoch. An den Trieben sitzen kleine, gefiederte grasgrüne Blätter. Die kleinen weißen Blüten erscheinen von Mai bis Juli.

Herkunft und Vorkommen

Brunnenkresse ist eine der ältesten Salatpflanzen und wurde schon 345 vor Christus erwähnt. Sie stammt aus Europa und wächst auf allen Erdteilen, auch in den nördlichen Ländern bis in die Karpaten. Die Pflanze wächst an und in fließenden, klaren Gewässern, die reich an Jod, Phosphor und Eisen sein sollten. Sie wächst aber auch an Teichrändern und feuchten Standorten in Sonne und Halbschatten.

Anbau

Wer einen Teich oder noch besser ein fließendes Gewässer wie einen Wasserlauf im Garten hat, kann dort Brunnenkresse leicht direkt am Rand in einem schlammigen Bereich aussäen.

Danach muss man sich um diese Pflanze eigentlich kaum noch kümmern. Aber auch im Topf oder in einem Kasten kann man die Pflanze zumindest kurzzeitig in Kultur halten. Nur auf eine ausreichende Wasserversorgung muss man achten. Um die bakterielle Belastung zu minimieren, sollte das Wasser bei Kultur in stehendem Wasser ständig ausgetauscht und die Pflanze bald geerntet werden.
Die Brunnenkresse braucht einen sonnigen bis halbschattigen Platz und sehr viel Wasser. Die Wurzeln müssen immer im Wasser stehen, d. h., bei einer Kultur im Topf darf das Wasser ruhig einen Zentimeter im Topfboden stehen. Brunnenkresse ist ein Lichtkeimer. Das heißt, man muss die Samen nicht mit Erde bedecken, nur ständig feucht halten. Dann keimen sie rasch und zuverlässig. Aussäen kann man schon ab März, denn Brunnenkresse ist nicht kälteempfindlich.

Sieht frühlingsfrisch aus und schmeckt auch so: frisch geerntete Brunnenkresse.

Ernte und Verwendung

Brunnenkresse erntet man vor der Blüte, indem man die jungen Triebspitzen mitsamt den Blättern abschneidet. Ernten Sie ruhig öfter und schneiden Sie die Pflanze zurück, so verzögert sich die Blüte, mit der die Blätter bitterer werden, und die Pflanze verzweigt sich. Brunnenkresse schmeckt scharf und erfrischend. Sie enthält die Vitamine A, C, D, E sowie Jod, Glukonasturtiin, Senfölglykoside, Kalium, Eisen, Bitterstoffe und Senföle. Sie wirkt blutreinigend, menstruationsfördernd, verdauungsfördernd und unterstützt die Leber- und Gallenfunktion. Man kann Brunnenkresse nicht einfrieren oder trocknen, dabei verliert sie ihren Geschmack. Verwenden Sie das Kraut frisch oder legen Sie es in Öl ein. Brunnenkresse gibt man zur Suppe, isst sie als Salat, im Kräuterquark oder frisch auf das Butterbrot. In der englischen und französischen Küche ist Brunnenkresse sehr beliebt. Auch bei uns findet sie neuerdings wieder mehr Anhänger.

Tremls Kräuterwissen

Früher nahm man Brunnenkresse, um Kinder zu empfangen. Tatsächlich – es liegt wahrscheinlich am Frischekick – gilt Brunnenkresse in der Volksmedizin neben der Verwendung als Heilpflanze als altes Aphrodisiakum.

ENTSCHEIDUNGSHILFE

Leicht zu säen
Im Garten

Dill

(Anethum graveolens), auch »Gurkenkraut« genannt, ist ein graziöses Doldengewächs, dem man eine gewisse Eigenwilligkeit und Launenhaftigkeit nachsagt.

Beschreibung

Dill ist einjährig und wird leicht bis zu einem Meter hoch. Die Stängel sind glatt, wachsen straff aufrecht und verzweigen sich erst weiter oben. Die Farbe von Stängel und Laub variiert von hellgrün bis zu blaugrün. Die Blätter sind sehr fein zerteilt und gefiedert. Die gelbgrünen Blüten erscheinen von Juni bis August in großen Doppeldolden, die bis zu 15 cm Durchmesser erlangen können.

Herkunft und Vorkommen

Die Pflanze stammt aus Asien, wo sie im Ödland, an Wegrändern und in Feldern an sonnigen Standorten wild wächst. Angebaut wird Dill heute weltweit.

Anbau

Dill liebt humose, durchlässige Böden und sonnige Plätze. Säen Sie Dill ab März/April direkt ins Freie, denn Dill braucht kühle Temperaturen für die Keimung und relativ lange Zeit bis er aufläuft. Bedecken Sie die Saat mit Erde, weil Dill ein **Dunkelkeimer** ist. Säen Sie nicht zu dicht, sonst sterben die meisten Sämlinge nach wenigen Tagen ab. Eine Volksweisheit lautet »Der Dill, der macht, was er will«, weil Dillsaat oft an Orten aufgeht, an denen nicht explizit gesät wurde, wo also nur ein Korn versehentlich hingefallen ist. Dort, wo man (zu dicht) gesät hat, sprießen hingegen keine Pflänzchen. Im Hinblick auf den Boden ist Dill recht anspruchslos. Nur Verdichtung und Staunässe verträgt er nicht, deshalb bitte auch im Topf nicht zu viel gießen. Im Garten reichen außer in Hitzeperioden unsere normalen Niederschlagsmengen aus. Für die Topfkultur ist Dill aufgrund seiner Größe nur mäßig geeignet. Wenn überhaupt, sollte man ein großes Gefäß verwenden.

Ernte und Verwendung

Die Blätter des Dills kann man fortwährend ernten. Am besten ist das Aroma, bevor der Dill blüht. Wer Samen gewinnen möchte, schneidet die Blütendolden etwa im August ab, ehe sie ganz ausgereift sind, und trocknet sie im Schatten. Der Samen fällt dann von selbst aus. Kraut und Samen erntet man frühmorgens. Dill passt gut zu Gurken und Zucchini, Frischkäse und Eierspeisen. Auch in der türkischen und russischen Küche findet Dill viel Verwendung. Dillblätter verlieren beim Trocknen relativ wenig Aroma. Schneiden Sie die getrockneten Blätter klein und bewahren Sie sie gut verschlossen auf. Frischen Dill geben Sie frisch zum Essen, getrockneten kann man auch mitkochen oder -backen. Dill beinhaltet sehr viele Mineralsalze und ätherische Öle, die im Verdauungstrakt entkrampfend wirken. Er wirkt entzündungshemmend und hat eine beruhigende Wirkung auf angegriffene Nerven.

Getrockneter und gerebelter Dill ist lange haltbar und vielseitig verwendbar.

Tremls Kräuterwissen

An Neujahr wird Dill nach altem Brauch mit Salz gemischt und rund um das Haus gestreut, das soll gegen böse Beeinflussung schützen. Bei Schlaflosigkeit kann man dem Betroffenen, ohne dass man es ihm sagt, Dill in einem Säckchen unter das Kopfkissen legen.

ENTSCHEIDUNGSHILFE

Früh säen
Im Garten ziehen

....

ESTRAGON

(Artemisia dracunculus), früher auch »Dragon« oder »Schlangenkraut« genannt, gehört zu den Korbblütlern und ist mit dem Wermut und dem Beifuß verwandt.

Beschreibung

Estragon ist eine mehrjährige, winterharte krautige Pflanze, die in Mitteleuropa zwischen 40 und 100 cm hoch wird. Die Blätter werden 3 bis 6 cm lang, sind schmal und lanzettlich, frischgrün und leicht behaart. Estragon blüht im Juli und August mit kleinen gelben Blütenköpfchen.

Herkunft und Vorkommen

Die Pflanze stammt aus Zentralasien und kam über den Balkan nach Europa. Mittlerweile gibt es in einigen südeuropäischen Ländern verwilderten Estragon. Er wächst an sonnigen, sandigen Plätzen. Von Estragon gibt es mehrere Varietäten. Im Handel sind vor allem der Russische Estragon *(Artemisia dracunculus)* und der Französische Estragon *(Artemisia dracunculus* var. *sativus)*. Die beiden unterscheiden sich stark.

Anbau

Beide Estragon-Typen bevorzugen einen warmen, sonnigen Platz sowie einen lockeren, sandigen Boden. Der **Russische Estragon** ist winterhart und wächst bis 90 cm hoch. Man kann ihn ab März in kleinen Töpfen aussäen und die Jungpflanzen dann mit einem Abstand von mind. 40 cm in den Garten setzen. Oder Sie säen ab April direkt in den Garten. Estragon ist ein **Lichtkeimer**, die Saat braucht also nicht mit

Erde bedeckt zu werden. Der russische Typ hat einen wenig aromatischen Geschmack, ist dafür aber pflegeleicht und kann aus den eigenen Samen vermehrt werden. Die Pflanze zieht im Herbst alle überirdischen Teile ein und treibt im nächsten Frühjahr wieder frisch aus.

Den **Französischen Estragon** kann man nur über Stecklinge vermehren, denn er hat sterile Blüten und bildet keine Samen. Er braucht gut gedüngte, durchlässige Erde, also Gartenerde mit viel Humusanteil oder vorgedüngte Blumenerde. Sollte die Erde zu lehmig sein, wächst dieser Estragon nicht. Kaufen Sie am besten eine Pflanze in einer Gärtnerei und schützen Sie sie im Winter vor tiefem Frost mit einer Reisigabdeckung. Halten Sie die Pflanze im Topf, können Sie sie an einem kühlen und hellen Ort überwintern. Dieser etwas kapriziösere Typ lohnt den Mehraufwand, weil er hocharomatisch ist. Er schmeckt viel komplexer und weniger bitter als der Russische. Gießen sollte man beide Typen nur mäßig. Sie sollten zwar nicht ganz austrocknen, vertragen aber keine »nassen Füße«. Die Pflanzen sollte man generell alle drei Jahre umpflanzen und auch teilen, um sie vital zu halten.

Ernte und Verwendung

Man kann alle grünen Teile ernten und verwenden, am besten schmecken die jungen Triebe Estragon kann man frisch verwenden, trocknen oder auch einfrieren. Er schmeckt unverwechselbar nach Anis und Minze, dabei aber eher herb-pikant und ist sehr dominierend. Man sollte ihn sparsam verwenden und beim Kochen nur kurz mit garen. Er passt in der Küche zu Fisch, Geflügel und Eierspeisen oder Kräuterbutter und ist Bestandteil verschiedener Saucen und Senfsorten. Estragon enthält ätherische Öle wie Estragol, Gerbstoffe, Flavonoide, Bitterstoffe,

Schon ein Zweig Estragon genügt, um aus normalem Weißweinessig Estragon-Essig zu machen.

Limonen, Jod und Kalium. Dadurch wirkt er appetitanregend, verdauungsfördernd und harntreibend. Er soll den Magen und die psychische Widerstandskraft stärken.

Tremls Kräuterwissen

Das Kauen der Estragonwurzel hilft gegen Zahnschmerzen. Früher glaubte man, dass Estragon gegen Zauberei und böse Mächte schützt, sowie bei Schlangenbissen hilft.

ENTSCHEIDUNGSHILFE

Russischen Estragon säen,
Französischen kaufen
Russischen im Garten ziehen,
Französischen im Topf

KAPUZINERKRESSE

(Tropaeolum majus) beansprucht eine eigene Pflanzenfamilie für sich, ist sehr vielseitig im Garten verwendbar und mit ihren großen, leuchtenden Blüten ein äußerst dekoratives Küchenkraut.

Beschreibung

Kapuzinerkresse ist eine eigentlich mehrjährige, aber nicht winterharte, kletternde oder kriechende Pflanze und kann bis 300 cm lang werden. Man kann sie als Bodendecker, Balkonpflanze, im Beet oder an Rankgitter pflanzen. Die Blätter sind groß (3–10 cm), schildförmig und ganzrandig, die Blattform ist rund bis nierenförmig. Die großen Blüten sitzen an einem langen Stiel und sind leuchtend gelb, rot, orange oder alles zusammen. Kapuzinerkresse blüht unermüdlich und sehr reich von Juni bis September.

Herkunft und Vorkommen

Die Große Kapuzinerkresse ist eine Hybride, deren Elternpflanzen aus Peru stammen. Die Gattung *Tropaeolum* wächst dort in gebirgigem Gelände auf feuchten Auen. Von dort kamen die Pflanzen mit den spanischen Eroberern nach Europa.

Anbau

Kapuzinerkresse wächst in jedem Gartenboden bei Sonne und Halbschatten. Die Pflanze kann im Topf ebenso wie im Garten gezogen werden.

Kapuzinerkresse ist ein **Dunkelkeimer**, daher sollten die Samen mindestens mit 1 cm Erde bedeckt sein und immer feucht gehalten werden. Entweder Sie ziehen sie ab März drinnen vor und setzen sie nach den Eisheiligen und der Bildung des zweiten Blattpaares um oder säen ab Mai/Juni direkt draußen an Ort und Stelle. Die Pflanze keimt und wächst sehr schnell und hat dank der großen Blätter viel Verdunstungsoberfläche. Deshalb braucht sie relativ viel und regelmäßig Wasser. Bei Trockenheit bekommt die Pflanze gelbe Blätter. Wenn man ihr eine Rankhilfe anbietet, klettert sie bis zu 3 m hoch. Düngen sollte man die Kapuzinerkresse nicht, sonst bildet sie viel Blattmasse, aber wenig Blüten. Je magerer und sonniger der Standort ist, desto mehr Blüten bildet die Kapuzinerkresse.

Ernte und Verwendung

Von der Kapuzinerkresse kann man die Blätter, Blüten und unreifen Samen verwenden. Junge Blätter und Blüten gibt man frisch als Beigabe zu Salat und Gemüsegerichten. Die grünen Früchte mit den unreifen Samen kann man wie Kapern einlegen und verwenden. Die reifen, braunen Früchte kann man selbst sehr gut ernten und im nächsten Jahr als Saatgut verwenden. Dazu bewahrt man sie trocken und dunkel über den Winter auf.

Kapuzinerkresse schmeckt scharf und würzig. Sie enthält Senfölglykoside, die antibiotisch wirken, und darüber hinaus Vitamin C, Flavonoide und Carotinoide. Es wurden auch viren- und pilztötende Eigenschaften nachgewiesen. Kapuzinerkresse gilt als appetitfördernd, wundheilend, desinfizierend, entzündungshemmend und hautdurchblutend. Bei Magen und Darmreizungen sollte man allerdings darauf verzichten. Bei allen entzündlichen Erkrankungen der

Für einen leckeren Kapernersatz kochen Sie unreife Kapuzinerkresse-Samen mit Wasser, Essig und Salz ein.

Niere und der Harnwege ist Kapuzinerkresse Bestandteil von Heilnahrung.

Tremls Kräuterwissen

Die Pflanze ist nach dem Mönchsorden der Kapuziner benannt. Angeblich verwendeten die Mönche die Kapuzinerkresse als Schutzmittel gegen Viehseuchen und Hexerei. Wahrscheinlicher ist aber, dass der Name vom Sporn der Blüte kommt, der aussieht wie die Kapuze der Mönchskutten. Man sagte im Volksmund früher auch, der Samen mache lustig und begierig nach Unkeuschheit.

Entscheidungshilfe

Leicht zu säen
Für Topf oder Garten gleichermaßen geeignet

KERBEL

(Anthriscus cerefolium var. *cerefolium)*, die Kulturform des Echten Kerbels, ist ein Doldenblütler und vom Erscheinungsbild her der zartere Bruder der Petersilie.

Beschreibung

Kerbel ist einjährig, das heißt, er muss immer neu ausgesät oder gepflanzt werden. Er wächst bis 50 cm hoch, hat sehr feine, zarte Blätter und ein typisches Aroma, das etwas nach Anis riecht und an Estragon erinnert. Die Blätter ähneln denen der Petersilie, sind aber viel dünner, weicher, feiner und kleingeteilter. Die weißen Blüten erscheinen von Juni bis August in den typischen Doppeldolden.

Herkunft und Vorkommen

Der Echte Kerbel kommt aus dem Kaukasus, wo man diese Pflanze in Wiesen auch noch wild wachsend findet. Mittlerweile kommt die Pflanze verwildert aber auch in Mitteleuropa und damit auch in Deutschland vor. Die heimische Wildform, der Wiesen-Kerbel *(Anthriscus silvestris)*, kommt häufig auf stark gedüngtem Grünland vor. Er schmeckt allerdings nicht so gut wie der Echte Kerbel.

Anbau

Kerbel mag einigermaßen feuchte Standorte und bevorzugt den Halbschatten. Man kann ihn bereits ab März draußen aussäen, da er bei kühlen Temperaturen besser keimt. Er ist ein **Lichtkeimer**, deshalb sollten die Samen maximal ganz leicht mit Erde abgedeckt sein. Nicht eingraben! Die jungen Pflanzen ausdünnen oder auf 20 cm Abstand vereinzeln. Kerbel wächst sehr schnell und ist schon nach ca. fünf Wochen schnittreif. Im Garten reichen unsere Niederschlagsmengen normalerweise aus. Im Topf muss der Kerbel regelmäßig, das heißt, im Sommer täglich, gegossen werden. Staunässe sollte man aber vermeiden. Der Kerbel bekommt sonst leicht Pilzerkrankungen wie falschen Mehltau und Rostpilze. Auf der Fensterbank kann man Kerbel ebenfalls ziehen, aber nicht am Südfenster, da wird es dem Kerbel leicht zu heiß. Wer viel Kerbel verwendet, sollte bis Juni alle drei Wochen nachsäen, um immer junge Pflanzen zu haben. Wenn der Kerbel zu blühen beginnt, ist es mit dem Aroma vorbei. Deshalb lohnt auch eine Aussaat im Hochsommer nicht. Dann geht der Kerbel einfach zu schnell in die Blüte. Besser ist es, erst wieder im September zu säen, um vor dem Winter noch einmal zu ernten.

Ernte und Verwendung

Wer die Blütenstiele vor dem Aufblühen durch einen gezielten Schnitt entfernt, kann eventuell mehrmals von den gleichen Pflanzen ernten. Man verwendet die Blätter frisch, getrocknet oder tiefgefroren. In der Küche nimmt man das angenehm riechende Gewürzkraut zu Suppen, Saucen (z. B. Frankfurter Grüne Sauce), Fisch und Fleischgerichten, kocht es aber keinesfalls mit. Kerbel enthält verschiedene ätherische Öle, Glycoside, Bitterstoffe und Petroselinsäure als ungesättigte Fettsäure. Er wirkt blutreinigend, stoffwechselanregend, entgiftend und wassertreibend. Der Genuss von Kerbel wird sogar bei chronischen Hautausschlägen und Gicht empfohlen.

Mit dem Kerbel zieht der Frühling ein ins Haus. Vor allem in der französischen Küche findet er viel Beachtung.

Tremls Kräuterwissen

Kerbel ist ein guter Nachbar im Beet. Er vertreibt mit seinem Aroma Blattläuse und kann z. B. durch verblühte Zwiebelblumen oder geerntetes Gemüse entstandene Lücken im Beet schnell füllen.

ENTSCHEIDUNGSHILFE

Leicht zu säen
Im Garten pflanzen

KORIANDER

(Coriandrum sativum) gehört zu den Doldenblütlern. Sein Name heißt übersetzt »Wanzendill«, was keine nette Beschreibung für den Korianderduft ist, aber die Abneigung vieler Menschen gegen Koriander erklärt.

Beschreibung

Koriander ist ein einjähriges Kraut, das bis 60 cm hoch wird. Die jungen Blätter sind sehr weich, eher rundlich, breit und eingeschnitten. Die älteren Blätter sind gefiedert und feiner zerteilt. Koriander blüht mit weißen Doldenblüten von Juni bis September.

Herkunft und Vorkommen

Koriander stammt aus dem östlichen Mittelmeerraum und wurde dort schon lange vor Christus erwähnt. Auch die alten Babylonier und Ägypter kannten den Koriander bereits. Heute wird die Pflanze fast auf der ganzen Welt kultiviert. Neben dem Kraut werden auch die Früchte als Gewürz verwendet. Am Koriander-Geschmack scheiden sich allerdings oft die Geister.

Anbau

Koriander liebt einen lockeren, tiefgründigen Boden in sonniger Lage. Aussäen kann man im Freiland ab Anfang April. Warten Sie aber so lange, bis sich der Boden schon leicht erwärmt hat. Koriander keimt lichtunabhängig und je nach Temperatur innerhalb von 10–20 Tagen. Um die Saat feucht zu halten ist eine dünne Erdabdeckung (nicht über 1 cm) nützlich. Wer eine frühe Ernte wünscht, kann den Koriander auch im Haus aussäen und vorziehen. Dabei am besten einzeln in Presstöpfe säen, dann sparen Sie sich die Arbeit des Vereinzelns beim Auspflanzen. Im Beet 20 cm Abstand zur nächsten Pflanze halten. Für die Kultur im Topf säen Sie 20–25 Samen in einen Topf mit 12 cm Durchmesser. Koriander braucht mäßig viel Wasser, d.h. im Sommer pro Tag etwa 150 ml pro Topf. Wenn man die Blätter verwenden möchte, muss man ernten, bevor der Koriander blüht, sonst verlieren die Blätter den Geschmack. Nachdem Koriander sehr schnell blüht, sollte man ihn deshalb laufend, d.h. alle vier Wochen, nachsäen. Zur Gewinnung der Früchte muss man den Koriander natürlich blühen lassen. Koriander, den man als fertige Pflanze im Topf im Supermarkt kauft, kann man nur einmalig ernten.

Koriandergrün kommt in der Asia-Küche oft zum Einsatz, die Samen eher in Europa und im Orient.

Ernte und Verwendung

Die Blätter erntet man, bevor die Pflanze blüht. Verwenden Sie sie frisch oder konservieren Sie sie durch Einfrieren. In der Küche gibt man Koriandergrün erst zum Schluss zu den Gerichten, man kocht ihn nicht mit.

Zur Gewinnung der Früchte erntet man die ganze Pflanze im August/September frühmorgens und solange die Früchte noch hellbraun sind. Danach legt man den Koriander zum Nachreifen in die Sonne. Wartet man bis zur Vollreife, fallen die Früchte ganz plötzlich aus und sind dann für die Ernte verloren. Die Früchte verwendet man ganz oder gemahlen als Brotgewürz und zu Fleischgerichten.

Koriander enthält verschiedene ätherische Öle (wie z.B. Linalool, Geraniol etc.), β-Pinen, Gerbstoffe, Cumarine und Fettsäuren, die besonders im Samen enthalten sind (Petroselinsäure, Ölsäure). Koriander ist magenschonend, verdauungsfördernd, krampflösend und blähungstreibend und wirkt antibakteriell. Koriander-Samen zu kauen hilft gegen Mundgeruch nach übermäßigem Knoblauchgenuss.

Tremls Kräuterwissen

Korianderfrüchte, in einem kleinen Beutel um den Hals getragen, gelten als ein gutes Mittel gegen Migräne und Kopfschmerzen und stärken das Gedächtnis. In China gilt Koriander als Symbol für Unsterblichkeit.

ENTSCHEIDUNGSHILFE

Leicht zu säen
Im Garten

....

GARTENKRESSE

(Lepidium sativum) ist ein Kreuzblütler, den jedes Kind kennt. Sie ist das wohl am einfachsten zu ziehende Küchenkraut überhaupt und kann ganzjährig angebaut werden.

Beschreibung

Kresse ist ein einjähriges, sehr beliebtes Gewürzkraut, das maximal 30 cm hoch wird. Die Stängel sind hell und kahl, die Blätter fein geschlitzt und erinnern im ausgewachsenen Zustand an Rucola, obwohl man sie in diesem Zustand selten sieht, denn meist ist die Kresse da schon lange aufgegessen. Die Blüten der Gartenkresse sind klein, weiß bis rosafarben, mit vier gegenständigen Kronblättern.

Herkunft und Vorkommen

Die Vorläufer der Gartenkresse stammen höchstwahrscheinlich aus Zentralasien, da dort heute noch Wildformen vorkommen. Kressesamen wurden aber auch schon in Pharaonengräbern gefunden und spätestens seit dem Mittelalter wird die Kresse in der Zuchtform bereits in Deutschland kultiviert.

Anbau

Kresse keimt zuverlässig und innerhalb weniger Tage auf fast jedem Material, solange genügend Feuchtigkeit vorhanden ist. Im Garten sät man Kresse ab März am besten in Reihen mit 10 cm Abstand zur nächsten Reihe im Halbschatten. Die Pflanze wächst rasant, und wer laufend nachsät, ist immer gut versorgt. Bestens geeignet ist die Kresse auch für die Kultur im Topf und auf der Fensterbank im Haus. Säen Sie dazu die Kresse ziemlich dicht in einer Schale auf Sand, Watte oder feiner Erde aus. Nicht abdecken, denn Kresse ist ein **Lichtkeimer**! Bereits nach einer Woche kann man die Kresse ernten. Kresse stellt kaum Ansprüche, nur gleichmäßige Feuchtigkeit braucht sie. Bei Trockenheit wird die Pflanze gelb, bei zu viel Wasser verfault sie schnell. Das heißt, das Substrat nicht austrocknen lassen, aber auch nicht so viel gießen, dass das Wasser in der Schale steht.

Ernte und Verwendung

Im Garten ausgesäte Kresse kann man wachsen lassen, bis sie eine Handbreit hoch ist. Danach einfach mit einem scharfen Messer knapp über dem Boden abschneiden. Im Haus oder Topf dicht ausgesäte Kresse schneidet man schon, wenn sie nur wenige Zentimeter hoch ist. Es werden nur die Blätter und jungen Stiele gegessen. Sobald die Pflanze blüht, schmeckt sie bitter, also unbedingt vorher ernten. Kresse kann man nicht ohne totalen Aromaverlust trocknen. Auch Einfrieren macht nicht viel Sinn, denn dadurch, dass Kresse so schnell erntereif ist und man auch im Haus laufend aussäen kann, ist es leicht möglich, immer frische Kresse verfügbar zu haben. Kresse schmeckt scharf und pikant. In Kräutermischungen verwenden Sie sie lieber sparsam, die Kresse schmeckt sonst vor. Kresse passt frisch zu Wurst- und Käsebroten, zu Frisch-, Schaf- und Ziegenkäse. Sie harmoniert im Beet wie auf dem Teller gut mit Radieschen oder Rettich.

Kresse enthält viel Eiweiß, Mineralstoffe wie Calcium und Kalium, Phosphor und Eisen sowie die Vitamine B_1, B_2, B_6 und C. Der herb-scharfe Geschmack ist auf den Gehalt an Senfölglykosiden und Bitterstoffen zurückzuführen.

Frische Kresse kann man nach Bedarf abernten. Sie passt besonders gut zu einer deftigen Brotzeit.

Erstere wirken antibakteriell. Wer einen empfindlichen Magen hat, sollte allerdings vorsichtig mit dem Verzehr von Kresse sein.

Tremls Kräuterwissen

Kressewasser ist ein gutes Haarwasser, das die Kopfhaut stärkt und Haarausfall vermindert. Einige Blätter in eine Tasse geben, mit Wasser übergießen, über Nacht stehen lassen und am darauffolgenden Tag in die Kopfhaut einmassieren.

ENTSCHEIDUNGSHILFE

Leicht zu säen
Im Topf

....

LIEBSTÖCKEL

(Levisticum officinalis), im Volksmund auch »Maggikraut« genannt, gehört zu den Doldenblütlern und kann zu einer imposanten Pflanze heranwachsen.

Beschreibung

Dieses Doldengewächs ist winterhart und mehrjährig. Liebstöckel wird bis 150 cm hoch und bildet zur Überdauerung ein Rhizom, d.h. eine unterirdische Sprossachse, zur Speicherung von Nährstoffen. Der verzweigte Stängel ist hohl und grasgrün. Er trägt gestielte, gefiederte Blätter. Die Blüten sind klein und unscheinbar gelb-grün, dafür aber in großen Doppeldolden angeordnet, die im Juli und August erscheinen.

Herkunft und Vorkommen

Vermutlich stammt diese Pflanze aus dem Iran und kam mit den Römern zu uns. Liebstöckel wächst wild nur in wärmeren Gefilden, hat sich aber gut an die kühleren Temperaturen bei uns angepasst. Die Pflanze zieht ihre oberirdischen Teile im Herbst ein und treibt im folgenden Frühjahr aus ihrem Rhizom wieder aus. Liebstöckel wird schon lange in den Gärten Europas angebaut und als Heilpflanze verwendet.

Anbau

Liebstöckel ist eine robuste Pflanze, die einen humosen, tiefgründigen Gartenboden liebt. Er gedeiht am besten in der Sonne und im Halbschatten. Liebstöckel kann man aussäen oder als fertige Pflanze in der Gärtnerei kaufen. Nachdem für einen normalen Haushalt ein bis zwei Pflanzen ausreichen und Liebstöckel mehrjährig ist, ist es praktikabel eine Pflanze zu kaufen und diese auszupflanzen.

Wer Liebstöckel aussäen will, sollte das zwischen April und Juni tun. Beim Aussäen und beim Einpflanzen von Liebstöckel sollte man bedenken, dass Liebstöckel sehr groß werden kann und dementsprechend im zweiten Jahr bereits etwa einen Quadratmeter Platz im Beet beansprucht. Aufgrund dieser Größe ist Liebstöckel für den Topfanbau – mit Ausnahme von großen Kübeln – nicht gut geeignet. Vermehren kann man Liebstöckel auch durch Wurzelteilung. Nur bei großer Hitze braucht die Pflanze sehr viel Wasser und muss auch im Garten gegossen werden. Ansonsten speichert der Liebstöckel viel Wasser in seinen Wurzeln und Rhizomen. Steht die Pflanze zu nass, bekommt sie leicht einen Pilz, durch den sich die Blätter einrollen und braun werden. Liebstöckel freut sich als recht hungrige Pflanze über Kompostgaben im frühen Sommer, im Kübel über 14-tägige Flüssigdüngung.

Ernte und Verwendung

Das Kraut kann man das ganze Jahr über ernten. Liebstöckel lässt sich gut einfrieren und in Bündeln über Kopf aufgehängt trocknen. Liebstöckel schmeckt ein wenig nach Sellerie, jedoch ein wenig schärfer. In der Küche nimmt man den Liebstöckel für Suppen, Gemüseeintöpfe und Pilzgerichte, aber auch für Salate. Frische Liebstöckelblätter auf Tomatensalat oder auf Butterbrot schmecken im Sommer ganz hervorragend.

Liebstöckel enthält Terpineol, Apfelsäure, Stärke, Invertzucker, Harze, ätherische Öle, viel Eisen, Angelikasäure und Gerbstoffe. Die Inhaltsstoffe wirken harntreibend, stuhlfördernd, magen-

Getrockneten und gerebelten Liebstöckel kocht man am besten zum Ende der Garzeit kurz mit.

stärkend und appetitanregend. In der Volksheilkunde ist Liebstöckel ein Mittel gegen Harnwegsentzündung und Nierensteine ebenso wie gegen Verdauungsprobleme. Schwangere sollten Liebstöckel aufgrund seiner Wirkung auf die Gebärmutter lieber nicht verzehren.

Tremls Kräuterwissen

Schon Hildegard von Bingen empfahl Liebstöckel bei Halsschmerzen. Hat ihr Kind Halsweh, lassen Sie es durch einen Liebstöckelstängel, der ja hohl ist, heiße Milch schlürfen.

ENTSCHEIDUNGSHILFE

Pflanze kaufen
Im Garten anbauen

....

LORBEER

(Laurus nobilis), der Echte Lorbeer, gilt als Symbol des Ruhmes, des Sieges und des Friedens. Abgesehen davon verleiht er auch vielen Speisen ein feines Aroma.

Beschreibung

Der Echte Lorbeer ist immergrün, verholzend und mehrjährig, aber in unseren Breiten nicht winterhart. Er kann bei uns trotzdem zu einem stattlichen Großstrauch im Kübel heranwachsen. In wärmeren Gefilden wird er bis zu 10 m hoch. Die ledrigen, ovalen, ganzrandigen Blätter werden bis 10 cm lang und bis 5 cm breit. Am Rand sind sie leicht gewellt. Im Mai und Juni erscheinen cremeweiße bis gelbgrüne Blüten mit leichtem Honigduft. Die Früchte des Lorbeers sind schwarzblaue Beeren.

Herkunft und Vorkommen

Der Lorbeer stammt aus Kleinasien und hat sich rund um das Mittelmeer verbreitet. Er kann ein paar Grad Frost vertragen, aber nicht unter –5 °C. In den Subtropen, wie z. B. auf den Kanarischen Inseln, bestehen ganze Lorbeerwälder.

Anbau

Am besten kaufen Sie sich eine Pflanze in akzeptabler Größe beim Gärtner. Lorbeer kann man zwar aussäen, man braucht aber viel

Geduld, bis ein Exemplar in erntefähiger Größe daraus geworden ist. Lorbeer braucht ausgepflanzt einen geschützten Standort und humose Gartenerde mit hohem Sandanteil. Gut ist es, den Lorbeer als Kübelpflanze zu ziehen. Fragen Sie beim Gärtner oder im Gartencenter nach einer strukturbeständigen Langzeiterde als Substrat für den Lorbeer. Im Kübel kann man ihn in einem frostfreien, kühlen, hellen Raum überwintern. Auch im Winterquartier sollten Sie die Pflanze ab und an etwas gießen, denn das immergrüne Laub verdunstet auch während des Winters Wasser – wenn auch wenig. Kontrollieren Sie die Pflanzen im Winter auf Schild- und Schmierläuse. Finden Sie welche, behandeln Sie die Pflanze mit Neembaumöl. Im Sommer stellen Sie den Lorbeer an einen sonnigen bis halbschattigen Platz im Freien. Er braucht wenig Wasser.

Lorbeer kann man als Hochstämmchen ziehen und mit Blumen oder Kräutern unterpflanzen.

Ernte und Verwendung

Die Lorbeerblatt-Ernte ist denkbar einfach. Sie pflücken sich einfach nach Bedarf Blätter ab und verwenden sie frisch oder lassen sie trocknen. Solange die Pflanze noch klein ist, sollte man nur nicht allzu viele Blätter auf einmal entfernen. Lorbeer nimmt man als Gewürz für Fleischsuppen, Soßen, Rindfleisch und Wild, aber auch zum Einlegen von Sauerkraut und Gurken. Probieren Sie Lorbeer auch einmal zur Aromatisierung von Süßspeisen wie Milchreis. Lorbeer enthält sehr viele ätherische Öle (z. B. Cineol, Geraniol etc.), Gerbstoffe, Bitterstoffe und Flavonoide. Er wirkt verdauungsanregend, durchblutungsfördernd, antiseptisch und appetitanregend.

Tremls Kräuterwissen

Lorbeer genießt vor allem bei den Menschen, die rund um das Mittelmeer leben, ein hohes Ansehen. Der Lorbeerkranz steht bis heute für eine besondere Ehre oder Auszeichnung. Angeblich – das ist aber nicht erwiesen – erweitert Lorbeer auch das Bewusstsein und die Priesterinnen des Orakels von Delphi waren davon beeinflusst. Ein Blatt Lorbeer unter die Zunge zu legen hilft demnach, etwas vorauszusagen.

ENTSCHEIDUNGSHILFE

Pflanze kaufen
Im Topf bzw. Kübel ziehen

MAJORAN

(Origanum majorana, syn. *Majorana hortensis)* gehört zu den Lippenblütlern. Er wird im Volksmund nach seiner häufigsten Verwendung auch »Wurstkraut« genannt.

Beschreibung

Majoran ist eigentlich eine mehrjährige Pflanze, von der die meisten Gartensorten in unseren Breiten aber nicht winterhart sind. Deshalb wird Majoran meist einjährig angebaut. Er wird 10 bis 30 cm hoch und wächst mit leicht hängendem Wuchs. Das Laub ist relativ klein (bis zu 2,5 cm), hellgrün und leicht behaart. Die kleinen weißen Blüten erscheinen sehr zahlreich von Juni bis September.

Herkunft und Vorkommen

Majoran kommt aus dem östlichen Mittelmeergebiet, aus der Türkei und Zypern. Es gibt etliche Varietäten und noch mehr daraus gezüchtete Sorten. Ursprünglich wächst Majoran auf sonnigen Kalkfelsen in den höher gelegenen Lagen der anatolischen Hochebene und des Taurus.

Anbau

Majoran braucht sandige, lockere, nährstoffreiche Erde und einen vollsonnigen Standort. Die bei uns vorwiegend erhältliche einjährige Gartenform des Majorans *(Majorana hortensis)* sät man nach den letzten Frösten im Mai direkt ins Beet oder in den Topf. Besser ist es aber, ihn ab März im Haus auszusäen und vorzuziehen, denn die Keimdauer ist mit 3–4 Wochen lang.

Im Freien wird der Samen währenddessen gern von Vögeln gefressen oder von Unkraut überwuchert. Majoran ist ein **Lichtkeimer**, man muss die Samen also nicht bedecken. Nach den Eisheiligen kann der Majoran nach draußen. Achten Sie darauf, jedes Jahr eine andere Stelle zu wählen, denn Majoran ist mit sich selbst in der Kulturfolge unverträglich. Die ursprüngliche mehrjährige Form *Origanum majorana* kauft man besser als Pflanze in der Gärtnerei. Sie können ihn kühl und frostfrei überwintern, z. B. im Wintergarten. Die Pflanze freut sich im Sommer über Kompostgaben bzw. Flüssigdünger. Gießen müssen Sie den Majoran im Freiland nicht, eher vor zu viel Regen schützen. Auch im Topf reicht es, ihm alle paar Tage ein Glas Wasser zu geben (siehe Seite 17). Zu viel Wasser verträgt er überhaupt nicht, er bekommt dann braune Blätter.

Weil Majoran wenig Wasser braucht und überhängend wächst, passt er gut in Ampeln oder Töpfe.

Ernte und Verwendung

Kurz vor dem Aufblühen bietet Majoran das beste Aroma und die meisten Inhaltsstoffe. Majoran wächst wieder nach, sodass man beherzt und fortwährend Triebe abschneiden kann. Verwenden Sie ruhig das ganze Kraut, evtl. sogar inklusive der Blüten. Majoran eignet sich zum Trocknen wie auch zum Einfrieren. Hängen Sie die abgeschnittenen Stiele zum Trocknen kopfüber im lichten Schatten auf. Nach dem Trocknen zerreiben und luftdicht verschlossen aufbewahren, so gibt es fast keinen Aromaverlust. Frischen Majoran gibt man kurz vor dem Servieren zum Essen, getrockneten kann man auch sehr gut mitkochen. Majoran schmeckt intensiv, würzig und ein bisschen scharf. Er passt zu Kartoffelgerichten, gerösteter Leber, Eintöpfen, Braten und zu mediterranen Speisen. Majoran enthält ätherische Öle (Sabinenhydrat, Terpineol und Borneol – eine campherartige Verbindung), Gerb- und Bitterstoffe. Er wirkt blähungstreibend, verdauungsfördernd, appetitanregend und hustenstillend.

Tremls Kräuterwissen

Majoran wurde von den Griechen der Göttin Aphrodite geweiht, er wirkt – sagt der Mythos – positiv in Liebesdingen. Als Symbol der Liebe und Fruchtbarkeit wurde Majoran früher in die Kränze von Neuvermählten geflochten, dies sollte viel Glück und ein langes Leben schenken.

ENTSCHEIDUNGSHILFE

Pflanze kaufen
Im Topf ziehen

....

MINZE

(Mentha spec.) ist eine sehr artenreiche Gattung der Lippenblütler mit vielen erfrischend aromatischen Vertretern, die sich sehr vielseitig verwenden lassen.

Beschreibung

Die Pfefferminze *(Mentha × piperita)* wird 60 cm hoch, ist winterhart und mehrjährig. Sie ist ein Flachwurzler, der sehr stark Ausläufer bildet. Die Stängel mit den gegenständigen Blättern sind rot-violett überlaufen und verzweigen sich kaum. Die Blätter sind länglich-eiförmig und am Rand gezähnt. Pfefferminze bildet von Ende Juni bis August rosa bis violette Blüten in Ähren.

Herkunft und Vorkommen

Die Heimat der Minzen liegt je nach Art in den verschiedensten Gebieten der Nordhalbkugel. Die heute vorkommenden Minzen sind meistens vielfältige Kreuzungen, da sich Minzen leicht bastardisieren. Bastarde sind zufällige Kreuzungen verschiedener Arten z. B. die Pfefferminze. In Europa heimische Minzen sind zum Beispiel Bachminze *(M. aquatica)*, Waldminze *(M. spicata)* und Rossminze

(M. longifolia). Minzen wachsen auf nähstoffreichen, feuchten Wiesen, in Moorgebieten und Auwäldern.

Anbau

Pflanzen Sie Minzen immer an nährstoffreiche, feuchte Plätze im Halbschatten oder in der Sonne. Pfefferminze kann man zuverlässig nur aus Stecklingen vermehren, denn beim Aussäen entstehen immer wieder andere Sorten und diese sind nicht so robust. Also kaufen sie am besten eine Pflanze in der Gärtnerei und vermehren Sie sie bei Bedarf im Sommer über Stecklinge. Minzen sind immer Flachwurzler und bilden sehr stark Ausläufer. Wenn Sie die Minze im Garten auspflanzen wollen, tun Sie das mitsamt einem großen Gefäß, dessen Rand Sie leicht aus der Erde herausschauen lassen. So verhindern Sie, dass im nächsten Jahr überall Minze wächst. Sehr gut lässt sich Minze im Topf kultivieren. Achten Sie darauf, dass der Topf groß genug ist, damit die Erde nicht so leicht austrocknet. Minze braucht viel Wasser, das heißt im Topf an heißen Tagen jeden Tag etwa 200 ml Wasser gießen, im Garten während heißer, trockener Perioden ebenfalls gießen. Schneiden Sie winterharte Pfefferminze vor dem Winter bodennah ab. Ein Rückschnitt schadet der meist schnell wachsenden Pflanze auch während des Sommers nicht.

Minze bekommt leicht Pilzkrankheiten wie Minzrost (braune Flecken im oberen Blattbereich) oder Mehltau (weißlicher Belag am ganzen Blatt), wenn sie übermäßig gedüngt und gegossen wird oder auf verdichtetem Boden steht. Vermeiden Sie diese Faktoren, schneiden Sie erkrankte Pflanzen bodennah zurück und entsorgen Sie das Schnittgut im Hausmüll. Den hübschen, aber gefürchteten Minzeblattkäfer kann man nur durch Einsammeln bekämpfen.

Der metallisch glänzende Minzeblattkäfer *(Chrysolina herbacea)* frisst gerne an den Blatträndern.

Ernte und Verwendung

Minze hat vor dem Aufblühen das intensivste Aroma. Ernten Sie während des Jahres am besten, indem Sie die Blättchen von den Stielen zupfen. Wenn die Pflanze sehr wuchert, schneiden Sie die Stiele mit einem scharfen Messer knapp über dem Boden ab. Pfefferminze regeneriert sich und treibt wieder neu aus. Minze verwendet man frisch, kann man aber auch gut trocknen. Dazu breiten Sie die abgezupften Blätter auf Papier aus und trocknen sie im lichten Schatten. In Dosen oder Schraubgläsern lässt sich getrocknete Minze gut aufbewahren. Minze schmeckt frisch, leicht scharf und charakteristisch nach Menthol. Sie unterstützt in der Küche den Geschmack von Salaten, Suppen und Gemüse. Minze passt auch gut zu Quark, Joghurt und Käse sowie zu Fisch.

Die Verwendung von Minze ist vielfältig: Man kann einige Blätter in heißes Wasser legen und 5–10 Minuten ziehen lassen. Diesen Tee kann man für freie Atemwege inhalieren oder trinken. Für Babys und Kleinkinder ist Pfefferminztee aufgrund des Menthols nicht geeignet. In der

Volksmedizin gehört die Minze zu den bekanntesten Heilpflanzen und wird vor allem als Stirnumschlag bei Kopfweh und krampfartigen Bauchschmerzen verwendet. Minze enthält viele ätherische Öle sowie Gerbstoffe, Bitterstoffe und Flavonoide. Sie wirkt krampflösend, galle- und leberanregend, schleimlösend, nervenstärkend, keimtötend, schmerzlindernd und gegen Blähungen.

Verschiedene Minzen

Die Bandbreite der Minzen ist spektakulär. Von süß-fruchtig bis herb-scharf reicht das Aromaspektrum. Exemplarisch stellen wir hier einige wenige vor, die allerdings in unseren Breiten nicht alle winterhart sind:

In England sind fast nur **Grüne Minzen** *(Mentha spicata)* im Küchengebrauch. Auf der Insel »Spearmint« genannt, enthält diese Minze wenig Menthol, was sie weniger scharf und eher süßlich schmecken lässt. Sie hat spitz zulaufende Blätter und eignet sich für Lammbraten und starken Tee.

Nana-Minze und **Marokkanische Minze** sind Spielarten der Krausen Minze *(Mentha spicata* var. *crispa)*, deren Blätter am Rand leicht gewellt sind. Sie werden vor allem zu Tee verarbeitet. Sie ist Bestandteil des Marokkanischen Nationalgetränks und kann hierzulande im Winter ohne Winterschutz erfrieren.

Die **Schokoladenminze** (*Mentha × piperita* 'Chocolate') hat ein wunderbares Aroma. Sie schmeckt nach Schokolade und Pfefferminze und passt toll zu Süßspeisen. Beim Trocknen bleibt der Geschmack erhalten.

Viele **Fruchtminzen** sind Kreuzungen aus verschiedenen Arten. Sie passen gut zu Süßem und zu Getränken. Es gibt Fruchtminzen mit dem Geschmack von Ananas, Erdbeere, Oran-

Für erfrischende Sommergetränke ist Minze beinahe unverzichtbar, ob in Limonade, alkoholischen Cocktails oder als Eis-Tee.

ge, Grapefruit, Ingwer, Apfel bis hin zu Zitrone. Sie alle haben einen geringen Mentholgehalt und eignen sich auch gut für Tees.

Mojito- oder Hugo-Minze *(Mentha* spec. 'Nemorosa') enthält sehr viel Menthol, das sich in Wasser oder Alkohol löst. Sie ist daher für sommerlich frische Cocktails unentbehrlich.

Die **Kärtner Minze** *(Mentha × carinthiaca)* ist eine lokale Hybride, die es bis zu einem eigenen systematischen Namen gebracht hat. Sie hat große Blätter mit einem starken Menthol-Geschmack und wenig Bitterstoffen. Sie wird in Österreich für gefüllte Teigtaschen (die »Kasnudeln«) verwendet.

Thai-Minzen, z. B. *Mentha* spec. 'Thai Bai Saranae', haben ein kräftig fruchtiges Aroma. Die genannte Sorte hat dunkle Stiele, gekräuseltes Laub, einen hohen Mentholgehalt und ist trotz ihrer südasiatischen Herkunft bei uns winterhart. Sie wird in Thailand gerne zu Salaten serviert.

Tremls Kräuterwissen

Minzeblätter auszulegen war früher ein Symbol der Gastfreundschaft. Man rieb Gegenstände mit Minze ab, ehe man Gäste bewirtete. Es heißt auch, wer alle guten Eigenschaften der Minze nennen kann, weiß auch, wie viel Fische im Ozean schwimmen.

ENTSCHEIDUNGSHILFE

Pflanze kaufen
Im Gefäß kultivieren

....

Marokkanische Minze. Sie wird auch Nana-Minze genannt.

Die Apfelminze *(Mentha suaveolens)* ist eine eigene Art und hat runde, weiche, pelzige Blätter.

OREGANO

(Origanum vulgare) heißt hierzulande eigentlich »Gemeiner Dost« und gehört zur großen Familie der Lippenblütler. Sein sehr süßer Nektar lockt zahlreiche Insekten an.

Beschreibung

Oregano ist winterhart und mehrjährig, er wird 30 bis 50 cm hoch. Die nahe Verwandtschaft zum Majoran sieht man dem Oregano an. Die Blätter unterscheiden sich fast gar nicht, die Stängel des Oregano bzw. Dosts sind hingegen meist etwas rötlich überlaufen. Die rosaroten Blüten erscheinen von Juni bis September.

Herkunft und Vorkommen

Oregano stammt aus dem Mittelmeerraum, kommt aber in verschiedenen Formen mittlerweile wild in fast ganz Europa vor. Er wächst gern auf kalkhaltigem Untergrund an Böschungen, in lichten, trockenen Wäldern oder auf Magerrasen. Am Wegesrand oder auf den Almen Deutschlands ist er ebenso zu finden.

Anbau

Oregano liebt lockeren Boden in geschützter Lage und voller Sonne. Bei schwerem Boden lieber genug Sand untermischen, damit keine Staunässe entstehen kann. Die Aussaat von Oregano ist nicht ganz einfach. Die Samen brauchen zur Keimung mindestens 20 °C und keimen nicht sehr zuverlässig. Oregano ist ein **Lichtkeimer**, die Saat muss also nicht oder nur ganz hauchdünn bedeckt werden. Kaufen Sie besser eine Pflanze in der Gärtnerei und vermehren Sie diese bei Bedarf. Dies geht am besten über Kopfstecklinge. Eine andere Vermehrungsmethode ist die Teilung des Krautes im Frühjahr. Oregano braucht sehr wenig Wasser. Steht er zu feucht, rollen sich die Blätter ein. Schneiden bzw. ernten Sie beim Oregano ruhig öfter. Eine Startdüngung im Frühjahr mit Kompost im Garten oder Depotdünger im Topf reicht dem Oregano für das ganze Jahr.

Ernte und Verwendung

Oregano verwendet man frisch und getrocknet, er ist auch zum Einfrieren geeignet. Da ältere Stängel hart werden, streift man von ihnen nur die Blätter ab. Ernten Sie unbedingt während der Blüte. Auch die Blüten können genossen werden. Oregano kann man mitkochen oder erst am Schluss frisch zum Essen geben. Er schmeckt ähnlich wie Majoran, wenn auch etwas herber. Oregano passt zu Fleisch und Fisch und ist Bestandteil der meisten griechischen und italienischen Gerichte. Oregano beinhaltet ätherische Öle (Thymol, Carvacrol), Terpene, Harze, Bitter- und Gerbstoffe. Er wirkt stoffwechselanregend, krampflösend, entwässernd, antiseptisch, schleimlösend bei Husten und appetitanregend. Schwangere sollten wegen seiner wehenfördernden Wirkung nicht zu viel Oregano essen.

Trocknender Oregano ergibt hübsche, duftende Sträußchen mit angeblich magischer Kraft.

Tremls Kräuterwissen

Neugeborenen wurde früher ein Bündel Dost in die Wiege gelegt, um böse Geister zu vertreiben. Mit Dost räucherte man auch das Haus gegen Hexen und Dämonen aus. Als Bündel in der Küche aufgehängt, nimmt er einer bösen Verwünschung die Kraft, sagt man.

ENTSCHEIDUNGSHILFE

Pflanze kaufen

Im Topf oder Garten ziehen

....

PETERSILIE

(Petroselinum crispum), auch »Peterle« genannt, ist ein Doldenblütler, der in Europa im großen Stil angebaut wird und zu den populärsten Küchenkräutern gehört.

Beschreibung

Petersilie ist in der Regel zweijährig und wird 30 bis 100 cm hoch. Die Blätter sind dunkelgrün und doppelt bis dreifach fiederteilig. Es gibt Varianten mit krausen oder glatten Blättern. Die grünlich-gelben Doldenblüten erscheinen normalerweise erst im zweiten Jahr von Juli bis September. Danach stirbt die Pflanze ab.

Herkunft und Vorkommen

Petersilie kommt aus Südosteuropa und Westasien, sie wächst dort auf Wiesen und an Wegrändern.

Anbau

Petersilie wächst am besten im Halbschatten und in der Sonne auf humusreichen, feuchten Böden. Man sät Petersilie als **Dunkelkeimer** ab März 1 cm tief mit einem Reihenabstand von 20 cm ins Beet oder in ein großes Gefäß. Das erste Keimblatt erscheint nach 3 bis 4 Wochen, vorausgesetzt, die Erde hat über 10 °C. Normalerweise blüht Petersilie erst im zweiten Jahr. Es kann aber vorkommen, dass die Pflanzen schon im ersten Jahr blühen und dann absterben, wenn es während der Keimung noch mal recht kalt geworden ist. Sicher gehen Sie, indem Sie Petersilie auf der Fensterbank vorziehen und dann im April ins Beet setzen. Eine laufende Nachsaat sichert den Küchennachschub. Petersilie braucht relativ viel Wasser, verträgt aber keine Staunässe. Weder im Topf noch im Garten braucht Petersilie viel Dünger. Eine vorgedüngte Erde reicht, bei Überdüngung stirbt die Pflanze ab. Wenn die Stiele der Blätter gelblich bis hellbraun sind, prüfen Sie, ob das Substrat sehr nass ist. Dann bitte weniger gießen. Falls die Erde trocken ist, schneiden Sie die Petersilie bis auf 2 cm über dem Boden zurück, sie treibt wieder grün nach. Sehen nur die Blätter welk aus, lässt das ebenso auf Staunässe schließen. Gießen Sie Petersilie regelmäßig, aber nicht zu viel auf einmal. Gegen Blattlausbefall können Sie vorbeugend Ringelblumen oder Zwiebeln in die Nähe setzen. Wenn Sie eine fertige Pflanze kaufen, achten Sie darauf, dass die Wurzeln gesund sind, d.h. hell und fest und nicht braun oder matschig.

Ernte und Verwendung

Ernten Sie das Kraut auf jeden Fall, bevor die Pflanze blüht, denn die Blätter werden während der Blüte und danach hart und ungenießbar. Die Blätter kann man sehr gut einfrieren, Trocknen schadet dem Geschmack. Am besten ist Petersilie frisch, deshalb nicht mitkochen, sondern erst zum Schluss zum Essen geben. Verwenden kann man auch die rübenförmige Wurzel, die man als Gemüsebeilage oder Suppe kocht oder brät. Petersilie passt zu fast allen Gerichten. Sie beinhaltet ätherische Öle (Limonen, Myristicin, Apiol etc.) sowie Flavonoide und Vitamin C. Sie wirkt wassertreibend, appetitanregend und krampflösend. Aufgrund der anregenden Wirkung von Apiol auf die Gebärmutter sollten Schwangere nicht zu viel Petersilie essen.

Tremls Kräuterwissen

Es heißt: »Wenn die Petersilie gesät wird, muss sie erst nach Rom reisen, um vom heiligen Petrus die Erlaubnis zum Aufgehen zu holen. Damit nimmt der Volksmund Bezug auf die lange Keimdauer der Petersilie. Ein weiteres Sprichwort lautet: »Petersilie hilft dem Mann aufs Pferd, den Frauen unter die Erd.«

ENTSCHEIDUNGSHILFE

Aussäen

Im Garten ziehen

Nachdem Petersilie meist in größeren Mengen gebraucht wird, lohnt sich eine Reihensaat im Beet.

Die Krause Petersilie wird vor allem im Norden geschätzt, im Süden verzehrt man mehr »Glatte«.

PORTULAK

(Portulaca oleracea syn. *sativa)*, genauer gesagt Sommerportulak, fristet zu Unrecht ein Schattendasein in deutschen Kräuter- und Gemüsegärten.

Beschreibung

Portulak ist eine einjährige Pflanze, die bis 30 cm hoch und breit wird. Die Pflanze wächst eher niederliegend, die Kulturformen gibt es auch mit einem aufrechteren Wuchs. Portulak ist eine sehr wüchsige, sukkulente Pflanze. Das heißt Stängel und Blätter sind fleischig und wasserspeichernd. Das Laub ist mit 1–3 cm ziemlich klein. Zwischen Juli und Oktober erscheinen die winzigen, gelben Blüten des Portulak.

Herkunft und Vorkommen

Die Heimat des Portulaks liegt in Südosteuropa und Kleinasien. In Russland zum Beispiel ist Portulak ein sehr beliebtes Gemüse.

Anbau

Säen Sie Portulak ab Mai in einen Topf oder in den Garten, aber in sehr sandige, durchlässige Erde. Portulak braucht viel Sonne und sehr wenig Wasser. Er sollte nie die ganze Zeit in feuchter Erde stehen. Drücken Sie den Samen als **Lichtkeimer** nur an und halten Sie 40 cm Abstand zwischen den Saatreihen. Säen Sie nicht zu viel aus, denn Portulak ist sehr ergiebig, da er sehr schnell wächst. Bei zu dichter Aussaat bekommt er schnell Mehltau, einen Pilz, der sich durch einen weißen Belag auf den Blättern zeigt und die Pflanze absterben lässt.

Ernte und Verwendung

Portulak kann mehrmals geerntet werden, er wächst immer wieder nach. Man sollte aber nur das nicht blühende Kraut verwenden, denn die Stängel werden mit der Blüte bitter und zäher. Portulak schmeckt säuerlich, erfrischend und leicht salzig-nussig. Die fleischigen, saftigen Blätter eignen sich zum Salat wie auch als gekochtes Gemüse. Verwenden Sie ihn wie Spinat oder geben Sie ihn in eine Kräutersuppe. Portulak enthält sehr viele Vitamine, Bitterstoffe und eine ganze Menge Mineralstoffe, die blutreinigend und stoffwechselanregend sind. Man nimmt die Pflanze bei Blutungen, Ausschlägen, Husten und bei brennenden Schmerzen beim Wasserlassen. Portulak ist zudem positiv bei Sodbrennen, wenn man zu viel und zu fett gegessen hat.
Verwechseln Sie den Sommerportulak nicht mit dem Winterportulak *(Claytonia perfoliata)*. Dieser wird auch Postelein genannt, heißt aber eigentlich »Tellerkraut« und ist kein Portulakgewächs. Er ist ebenfalls essbar, kommt aus Nordamerika und braucht kühle Temperaturen (< 10 °C), um zu keimen. Postelein ist ein klassisches Gewächs für die Winterkultur und nicht für den Sommeranbau geeignet. Als Portulak wird im normalen Sprachgebrauch auch das Portulakröschen *(Portulaca grandiflora)* bezeichnet.
Es ist mit dem Sommerportulak durchaus verwandt, jedoch nicht für die Küche geeignet.

Junger Portulak schmeckt gut im Salat. Er hat einen besonderen, säuerlich-salzigen Geschmack.

Mit seinen tollen knallbunten Blüten ist es trotzdem eine Bereicherung für jeden Garten.

Tremls Kräuterwissen

Im Mittelalter pressten die Menschen Saft aus den fleischigen Portulakblättern und hielten diesen eine Zeit lang im Mund, um wackelige Zähne zu festigen. Bei Zahnfleischproblemen kann man es also durchaus einmal mit Portulak versuchen.

Entscheidungshilfe

Leicht zu säen
Im Topf oder im Garten

RAUKE

(Eruca versicaria ssp. *sativa)* wird auch »Senfrauke« oder »Rucola« genannt. Mit dem Schmalblättrigen Doppelsamen *(Diplotaxis tenuifolia)* ist aber eine weitere Pflanze unter dem Namen »Rucola« im Handel.

Beschreibung

Mit dem geläufigen Namen Rauke oder Rucola werden zwei verschiedene Pflanzen bezeichnet. Die Garten-Senfrauke oder auch Salatrauke ist mild und einjährig, die Wilde Rauke *(Diplotaxis tenuifolia)* ist würzig-scharf und ausdauernd. Die Garten-Senfrauke (im Bild oben) wird bis 40 cm hoch. Sie hat längliche, gebuchtete Blätter, die im Gegensatz zur Wilden Rauke aber viel breiter und nur gelappt und nicht gezackt sind. Die weiß-gelblichen Blüten der Garten-Senfrauke mit den typischen vier Kronblättern erscheinen zwischen Mai und September. Die Wilde Rauke blüht dagegen rapsgelb, hat schmale, löwenzahnähnliche Blätter und wird mit bis zu 70 cm auch höher.

Herkunft und Vorkommen

Die Garten-Senfrauke und auch der Schmalblättrige Doppelsame stammen aus dem Mittelmeerraum. Sie wachsen dort wild an Wald- und Wiesenrändern. Nachdem sich beide Arten gern selbst aussamen, findet man die beiden Rauken – vor allem aber die Wilde Rauke – mittlerweile auch bei uns wildwachsend, vor allem an Wegesrändern und in Siedlungen.

Anbau

Die Garten-Senfrauke wächst auf jedem Gartenboden an einem sonnigen bis halbschattigen Standort. Die Pflanze kann man sowohl im Topf als auch im Garten ziehen. Im Topf bekommt sie allerdings relativ schnell braune Blätter. Da hilft nur rechtzeitig aufessen. Die Samen können Sie ab April auslegen, wobei Sie hier ruhig dicht in Reihen oder breitwürfig säen dürfen. Mit Erde abdecken, beide Rauken sind **Dunkelkeimer**! Nach 3–5 Wochen kann man bereits Blätter ernten. Deshalb braucht die Rauke auch regelmäßig Dünger und genügend Wasser. Dazu geben Sie im Garten jeden Monat eine Portion Kompost zur Rauke und im Topf einmal pro Woche Flüssigdünger. Aber Achtung: Sollten Sie die Rauke blühen lassen, samt sie sich aus und Sie können Probleme bekommen, sie unter Kontrolle zu halten. Vor allem die Wilde Rauke, die mehrjährig ist, kann zum Wucherer werden. Da Rauke sehr zuverlässig an Ort und Stelle keimt, ist der Kauf fertiger Pflanzen nicht notwendig oder von Vorteil.

Auch die Wilde Rauke wächst rasch und unermüdlich. Ein großes Gefäß damit reicht für den üblichen Verbrauch.

Ernte und Verwendung

Schneiden Sie die jungen Triebe mit dem Laub immer vor der Blüte ab und das laufend. Alte Pflanzenteile sind bitter und zäh. Garten-Senfrauke verwenden Sie am besten frisch, beim Einfrieren und Trocknen verliert sie sehr. Sie schmeckt würzig, nussig und leicht scharf, die Wilde Rauke ist jedoch wesentlich schärfer und herber. Raukeblätter geben jedem Salat einen würzigen Geschmack. Rauke passt zudem gut zu Nudeln, Reisgerichten und Eierspeisen. Die schärfere Wildrauke passt gut zu Fleisch und reifem Käse. Möchten Sie den Rucola-Geschmack konservieren, bereiten Sie am besten ein Pesto aus den Blättern zu. Es bringt über den Winter italienischen Schwung in die Küche und hat blutreinigende und anregende Wirkung. Die Pflanze enthält sehr viele Senfölglykoside sowie Vitamin A und C und wirkt antirheumatisch, durchblutungsfördernd, verdauungsfördernd und stoffwechselanregend.

Tremls Kräuterwissen

Die Garten-Senfrauke wurde bereits zu Römerzeiten als Aphrodisiakum betrachtet.

ENTSCHEIDUNGSHILFE

Leicht zu säen

In einem großen Kübel ziehen

....

ROSMARIN

(Rosmarinus officinalis), der »Tau des Meeres«, so lautet die Übersetzung des lateinischen Namens Ros marinus, ist ein Lippenblütler und kann in seiner Heimat bis zu 2 m hoch werden.

Beschreibung

Rosmarin ist ein immergrüner, mehrjähriger, verholzender Strauch mit nadelartigen Blättern, der in unseren Breiten nicht ganz winterhart ist. Die Blätter sind schmal, oberseits dunkelgrün und ledrig, unterseits fein weiß behaart. Die Triebe wachsen aufrecht, verzweigen sich aber willig. Der Rosmarin blüht am natürlichen Standort meist im Oktober, in Deutschland jedoch am häufigsten zwischen März und Mai. Die kleinen Lippenblüten sind hellblau, manchmal auch weiß, rosa oder violett.

Herkunft und Vorkommen

Die Heimat des Rosmarins befindet sich rund um das Mittelmeer, wo Rosmarin wild an steinigen, trockenen Küstenhängen wächst. In den Gebüschlandschaften Südeuropas kann dieser Strauch eine Höhe von bis zu zwei Metern erreichen.

Anbau

Rosmarin braucht die volle Sonne. Er darf nicht feucht stehen und braucht einen durchlässigen Boden. Bei der Kultivierung im Topf magern Sie die Blumenerde zur Hälfte mit Sand oder Bimskies o. Ä. ab. Rosmarinsamen sollte man als **Lichtkeimer** nicht abdecken, aber etwas in die Erde eindrücken. Die Keimung dauert etwa 4 Wochen, wobei stets Temperaturen über 20 °C herrschen sollten (Fensterbank!). Es reicht für den Eigenbedarf allerdings, wenn Sie eine fertige Pflanze kaufen und diese bei Bedarf über Stecklinge vermehren. Schneiden Sie dazu die Spitzen der Zweige (5–10 cm) ab und stellen Sie sie in ein Gefäß mit warmem Wasser. Geben Sie einen Teelöffel Zucker dazu. Der Steckling wurzelt innerhalb kurzer Zeit und Sie können ihn einpflanzen. Gießen Sie Rosmarin nur, wenn die Erde wirklich trocken ist, sonst bekommt er braune Blattspitzen und wird anfällig für Schädlinge wie Schmier- und Schildläuse. Wenn Sie den Rosmarin im Gefäß ziehen, überwintern Sie ihn hell im Haus. Es gibt mittlerweile zwar sehr frostharte Sorten, diese schaffen es aber auch nicht in jedem Fall. Im Garten unbedingt sehr gut abdecken! Steht er im Winter zu dunkel, geht er ein. Schneiden Sie die Pflanze nach dem Winter zurück, um einen buschigeren Strauch zu bekommen.

Rosmarin im Topf ist hübsch und praktisch, denn man kann ihn im Winter problemlos ins Haus räumen.

Ernte und Verwendung

Ernten Sie ganze Zweige und das am besten im Sommer. Verwenden Sie einen ganzen Stiel oder streifen Sie die Blättchen ab, je nach Bedarf. Rosmarin ist eines der ältesten Küchen- und Heilkräuter überhaupt. Er schmeckt harzig, leicht bitter und unverwechselbar. Er passt gut zu Grillgerichten, mediterranem Essen, Suppen und allen Arten von Fleisch. Rosmarin kann man frisch verwenden, ist aber auch getrocknet sehr aromatisch. Streifen Sie dazu auf Papier die Blätter vom Zweig, lassen Sie sie im Schatten trocknen und bewahren Sie sie luftdicht auf. Rosmarin enthält wertvolle ätherische Öle wie Cineol, Borneol und Campher sowie Rosmarinsäure, Bitterstoffe und Saponine. Er wirkt appetitanregend, kreislaufunterstützend, krampflösend, galletreibend und nervenstärkend.

Tremls Kräuterwissen

Eine Handvoll Rosmarin mit einem Liter kochendem Wasser übergossen und nach einer halben Stunde abgeseiht, ergibt einen kreislaufanregenden Zusatz für das Badewasser. Das Vollbad sollte allerdings am Morgen oder vor anstrengenden Tätigkeiten, keinesfalls vor dem Schlafengehen genommen werden, denn man ist kurz darauf putzmunter.

Rosmarin wurde und wird bei Hochzeiten verwendet. Die Brautleute stecken nach der Hochzeit einen Zweig in die Erde. Bewurzelt er, so bleibt die Ehe glücklich. Die Gäste bekommen Rosmarinspitzen angesteckt. Neigt sich der Zweig vom Träger weg, gilt das als schlechtes Sittenzeugnis für diesen.

ENTSCHEIDUNGSHILFE

Pflanze kaufen
Im Topf ziehen

....

SALBEI

(Salvia officinalis), besser gesagt der »Echte Salbei« oder auch »Küchensalbei«, ist ein Lippenblütler mit vielen Verwandten, die allesamt sehr dekorativ sind.

Beschreibung

Der Echte Salbei ist ein (bedingt) winterharter, immergrüner Halbstrauch, dessen Zweige im unteren Bereich verholzen. Er wird bis ca. 60 cm hoch und duftet stark aromatisch. Die länglich eiförmigen Blätter haben eine runzelige Oberfläche und eine weißgraue Behaarung, durch welche die Blattfarbe graugrün aussieht. Salbei blüht in den Monaten Juni bis August mit hübschen violetten, 2–3 cm großen Blüten. Manche Salbeipflanzen zeigen auch rosafarbene oder weiße Blüten. Die Gattung Salbei ist sehr arten- und sortenreich. Auch vom Küchensalbei selbst gibt es mittlerweile eine große Palette an buntlaubigen Sorten.

Herkunft und Vorkommen

Salbei kommt aus dem Mittelmeerraum. Er ist bei uns nicht zuverlässig winterhart und daher verwildert selten anzutreffen. Er wird aber schon seit Jahrhunderten in den Bauern- und Küchengärten Deutschlands angebaut. Sein Naturstandort sind kalkhaltige, steinige, eher trockene Plätze.

Anbau

Salbei bevorzugt durchlässige Böden, steht lieber zu trocken als zu nass und braucht einen sonnigen Platz. Im Halbschatten gedeiht er auch noch, bekommt dort aber leicht Mehltau. Salbei können Sie im Haus ab März und im Freiland ab Mai aussäen. Er ist ein **Lichtkeimer**, die Samen müssen also nicht mit Erde abgedeckt werden, sondern nur gut angedrückt und feucht gehalten werden. Die jungen Pflänzchen setzen Sie einzeln in Töpfe oder mit 30 cm Abstand ins Beet. Gekaufte Exemplare setzen Sie im Frühjahr in den Topf oder die Erde. Nachdem Salbei recht wüchsig ist und im Garten auch gut überdauert, ist es für die meisten Menschen ausreichend eine bis zwei Pflanzen zu haben. Achten Sie auf mageres Substrat und mischen Sie unter den Gartenboden oder die Blumenerde lieber noch etwas Sand oder Splitt. Gießen Sie Salbei lieber zu wenig als zu viel. Gelegentliches Austrocknen der Erde macht dem Salbei nichts aus. Düngen müssen Sie Salbei so gut wie gar nicht. Eine Gabe im Frühjahr ist mehr als ausreichend. Zu viel Dünger schadet dem Salbei eher, die Triebe werden instabil und das Aroma nimmt ab. Salbei ist eine sehr anspruchslose und robuste Pflanze, die nur mit Mehltau und Spinnmilben Probleme bekommen kann, wenn der Standort nicht optimal ist. Letzteres vor allem bei der Topfkultur im Haus, wenn die Luftfeuchte gering ist. Über den Winter bringen Sie Salbei im Topf am besten an einen hellen und kühlen Ort. Ausgepflanzten Salbei im Garten sollten Sie mit Reisig und Falllaub etwas abdecken. Im Frühjahr entfernen Sie die Abdeckung dann wieder und schneiden den Salbei um ein Drittel zurück. Er treibt dann wieder durch.

Vom Echten Salbei *(Salvia officinalis)* sind sehr viele Sorten im Handel. Hier die gelb panaschierte 'Icterina'.

Ernte und Verwendung

Salbei können Sie durchgehend ernten, selbst im Winter. Dann sollte man sich aber auf wenige Blätter beschränken, in dieser Zeit wächst ja nichts nach. Verwenden Sie ansonsten am besten die jungen Blätter und Triebspitzen. Salbei lässt sich hervorragend trocknen und auch einfrieren. Dafür schneiden Sie ganze Triebe 2 cm über dem Boden ab und hängen diese gebündelt und kopfüber im luftigen Schatten auf, bis sie rascheltrocken sind. Salbei schmeckt in der Küche am besten, wenn Sie ihn kurz mitbraten oder kurz vor Ende der Garzeit zum Essen geben. Roh ist er etwas gewöhnungsbedürftig.

Der Purpursalbei (*Salvia officinalis* 'Purpurascens') lässt sich im Beet wunderschön kombinieren.

Salbei schmeckt würzig, herb und etwas seifig. Aufgrund des starken Aromas genügen schon wenige Blätter für den unverwechselbaren Geschmack. Er passt zu Fleisch und Fisch, allen italienischen Gerichten wie Saltimbocca, Gnocchi etc., zu Ratatouille, Suppen und im Omelett.

Salbei enthält Bitterstoffe, Gerbstoffe, ätherische Öle (v.a. Thujon), Harz, Stärke, Eiweiß, Saponin und Glykoside. Er wirkt entzündungshemmend, antibakteriell, krampflösend, magenstärkend, schweißhemmend, blähungswidrig, galleanregend und wundheilend. Salbeiblätter roh gekaut, stärken und desinfizieren das Zahnfleisch. Regelmäßiges Gurgeln mit Salbeitee begünstigt die Heilung von Halsentzündungen. Schwangere und stillende Frauen sollten auf Salbei wegen seiner Inhaltsstoffe verzichten. Bereits ein bis zwei Tassen Salbeitee lassen den Fluss der Muttermilch versiegen.

Verschiedene Arten und Sorten

Es gibt über 800 verschiedene Salbei-Arten. Ganz zu schweigen von den vielen existenten Sorten. Viele Vertreter des Salbeis sind im Garten vor allem als Zier- und Duftpflanze im Einsatz. Andere wiederum können Sie zusätzlich in der Küche nutzen. Ein paar davon wollen wir Ihnen kurz vorstellen:

Küchensalbei-Sorten (*Salvia officinalis* ssp.)

Vom Echten Salbei gibt es verschiedene kultivierte Sorten. Sie unterscheiden sich im Geschmack von der Art so gut wie gar nicht. Sie geben im Topf und im Kräutergarten aber eine gute Figur ab. Bei 'Purpurascens' etwa sind die jungen Triebe und Blätter violett überlaufen. 'Berggarten' bildet große silbergraue Blätter aus und 'Icterina' zum Beispiel zeigt gelb-grün panaschiertes Laub. 'Crispa' trägt gekrauste Blätter zur Schau und 'Mittenwald' ist eine in unseren Breiten absolut robuste und langlebige Auslese. 'Nazareth' duftet gar nach Marzipan und 'Tricolor' bietet weiß-grau-violett gescheckte Blätter. Probieren Sie einfach aus, was Ihnen am besten gefällt.

Ananassalbei (*Salvia rutilans* 'Pineapple Scarlet')

Diese Art kann bis zu einem Meter hoch werden, ist aber nicht winterhart. Sie brilliert von Oktober bis Ende November mit feuerroten Blüten und steht, im Gegensatz zum Echten Salbei, gern feucht und halbschattig. Sie verströmt einen wunderbaren Ananasduft, wächst buschig und hat behaarte, dunkelgrüne Blätter. Sie können aus den Blättern einen Tee mit Ananasduft herstellen, den auch Kinder gerne trinken.

Honigmelonensalbei *(Salvia elegans)*

Dieser Salbei stammt aus Mittelamerika und wird bis 70 cm hoch. Er blüht im Sommer feuerrot, ist allerdings ebenfalls nicht winterhart. Er liebt die Wärme, aber keine direkte Sonne. Als mehrjährige Kübelpflanze lässt er sich, hell und kühl gestellt, gut überwintern. Die Blätter duften und schmecken nach Honigmelone und passen gut zu Süßspeisen oder in den Tee.

Muskatellersalbei *(Salvia sclarea)*

Dieser wunderschöne Salbei wird bis zu bis 150 cm hoch. Die Blüten sind mit rosa-violetten Hüllblättern umgeben und treten in üppigen Blütenständen auf. Die Blätter sind sehr groß und weichfilzig. Sie duften nach Harz. Die Pflanze ist zweijährig, das heißt, sie blüht erst im zweiten Standjahr. Blätter und Blüten wirken verdauungsfördernd, krampflösend und schweißhemmend.

Tremls Kräuterwissen

Die Anwendung von Salbei als Heilpflanze geht bis in die Antike zurück. Sein botanischer Name *Salvia* kommt von lat. *salvus*, das bedeutet heil, gesund. In der Magie gilt *Salvia* als Reinigungs- und Verwandlungspflanze. Es heißt »Wer auf Salbei baut – den Tod kaum schaut«. Er hat einen festen Platz unter den Räucherkräutern zur Entfernung negativer Energie.

ENTSCHEIDUNGSHILFE

Pflanze kaufen
Im Garten oder Topf ziehen

....

Der Honigmelonensalbei gibt eine prächtige und zugleich nützliche Kübelpflanze für die Terrasse ab.

Der Muskatellersalbei ist eine stattliche, dekorative Pflanze. Sie schmeckt allerdings auch den Schnecken gut.

SAUERAMPFER

(Rumex acetosa), auch »Wiesen-Sauerampfer« oder »Sauerlump« genannt, ist ein heimisches Knöterichgewächs und gehört zu den wiederentdeckten Wildgemüse-Arten.

Beschreibung

Sauerampfer ist mehrjährig und winterhart, er wird bis 50 cm hoch. Sauerampfer blüht zwischen Mai und August mit rispenähnlichen Blütenständen mit kleinen roten Einzelblüten. Die großen, pfeilförmigen, derben Blätter sind am Boden in einer Rosette angeordnet. An den straff aufrechten, unverzweigten Stängeln sitzen nur wenige, kleinere Blätter.

Herkunft und Vorkommen

Sauerampfer ist eine in Europa heimische Pflanze. In der Natur wächst er vor allem auf feuchten Wiesen und an Grabenrändern. Er gilt als Zeigerpflanze für überdüngte landwirtschaftliche Flächen. Seine Samen bleiben sehr lange keimfähig und die Wurzel reicht sehr tief, was den Sauerampfer zu einer ausgesprochen konkurrenzstarken Pflanze macht.

Anbau

Sauerampfer liebt lehmigen, feuchten, nährstoffreichen, aber nicht zu nassen Boden. Er wächst am besten im Halbschatten bis Schatten. Die Aussaat kann ab April direkt im Freiland erfolgen. Dazu sät man den Sauerampfer erst in Reihen und vereinzelt die jungen Pflanzen dann auf einen Abstand von 10–20 cm. Oder man sät relativ dicht im Topf und dünnt die Pflänzchen später aus. Zur Keimung braucht Sauerampfer Temperaturen über 15 °C und circa 10 Tage Zeit. Er ist ein **Lichtkeimer**, deshalb streuen Sie die Samen nur aus und decken Sie sie nicht ab. Achten Sie darauf, Topf-Sauerampfer ausreichend zu gießen, denn Sauerampfer braucht relativ viel Wasser. Er ist eine sehr robuste Pflanze, nur Schnecken können die Blätter durch die Fraßlöcher unappetitlich machen. Gönnen Sie dem Sauerampfer im Garten im Frühjahr eine ordentliche Schaufel Kompost, dem im Topf ab und an Flüssigdünger. Wer Sauerampfer im Beet anbaut, sollte evtl. eine Wurzelsperre einbauen (ein in der Erde versenktes Holzbrett o. Ä.) und die Stängel immer vor der Blüte abschneiden. Sonst kann er sich zu einer Plage im Garten entwickeln. Da Sauerampfer nur in Maßen genossen werden soll (siehe unten) und immer wieder kommt, reichen normalerweise wenige Pflanzen aus. Diese können gut in einem großen Kübel kultiviert werden.

Ernte und Verwendung

Ernten Sie das ganze Kraut immer vor der Blüte, danach wird es bitter. Sauerampfer schmeckt säuerlich und frisch. Am besten schmecken die ganz jungen frischen Blätter im Frühling, sie enthalten noch nicht so viel Säure und Bitterstoffe. Man kann Sauerampfer einfrieren, zum Trocknen ist er nicht geeignet. Sehr gut schmeckt Sauerampfer in Suppen, als Gemüse und Salat. Sauerampfer enthält viel Oxalsäure, Flavonglykosid und sehr viel Vitamin C. Er wirkt appetitfördernd, harntreibend, blutreinigend, fiebersenkend und leberstärkend. Verzehren Sie Sauerampfer nur in geringen Mengen, denn die enthaltene Oxalsäure verhindert die Aufnahme von Eisen im Darm. Menschen mit Nierenproblemen, Rheuma oder Sodbrennen sollten diese Pflanze meiden.

Sauerampfer im Topf muss man regelmäßig und ausreichend gießen.

Tremls Kräuterwissen

Sauerampfer gehört zu den neun Kräutern, die zu Mariä Himmelfahrt im Kräuterbüschel geweiht werden. Ich kann mich auch erinnern, dass wir als Kinder beim Spaziergehen immer ein paar Blätter abgezupft und gegessen haben. Meine Mutter sagte immer, das reinige das Blut.

ENTSCHEIDUNGSHILFE

Pflanzen kaufen
Im großen Kübel ziehen

....

SCHNITTLAUCH

(Allium schoenoprasum), auch »Graslauch« oder »Jakobszwiebel« genannt, ist ein Amaryllisgewächs und gehört zu den in Deutschland am meisten verwendeten Küchenkräutern.

Beschreibung

Schnittlauch ist eine mehrjährige, winterharte und ausdauernde Pflanze, die 10 bis 30 cm hoch wird. Die Blätter wachsen direkt aus den Rhizomen, sind röhrenförmig und von frischgrüner bis grauer Farbe. Zwischen Mai und September zeigt er hübsche violette Blüten.

Herkunft und Vorkommen

Die Ursprungsformen stammen vermutlich aus dem Mittelmeerraum und Kleinasien. Er ist mittlerweile über ganz Eurasien und Nordamerika verbreitet und wächst gern an feuchten, eher gebirgigen Orten mit guter Nährstoff- und Kalkversorgung.

Anbau

Schnittlauch mag einen sonnigen bis halbschattigen Platz auf humosem, sandigem Boden. Im Topf und in der Wohnung sollte man Halbschatten bevorzugen. Die Aussaat im Haus beginnt man ab Ende Februar, im Freiland ab März. Schnittlauch ist ein mäßiger Kaltkeimer und benötigt für eine Woche eine Temperatur von 5 bis 9 °C. Im Haus sollten daher ungeheizte

Plätze benutzt werden, oder Sie stellen die Saat im Topf eine Woche in den Kühlschrank. Da Schnittlauch ein **Dunkelkeimer** ist, decken Sie die Samen mit 1–2 cm Erde ab. Nach 14 Tagen zeigen sich neue Hälmchen. Wenn diese etwa 5 cm groß sind, vereinzeln Sie sie in Gefäße oder in den Garten. Bei der Aussaat im Beet entfällt dies. Alle 3–4 Jahre sollten die Schnittlauchhorste geteilt werden, am besten im Herbst. Graben Sie dazu den Schnittlauch aus, teilen Sie den Horst mit einem Spaten und pflanzen Sie die Teile wieder ein. Bekommen die Halme rostrote Pusteln, könnte es Schnittlauchrost *(Puccinia allii)* sein. Am besten schneiden Sie dann den Schnittlauch komplett knapp oberhalb der Erde zurück. Wenn die Halme gelb werden oder Schimmel ansetzen, ist es dem Schnittlauch meist zu nass. Schnittlauch braucht regelmäßig Wasser, er verträgt aber keine Staunässe. Vor allem im Topf auf genügend Sand im Substrat achten! Die Senföle im Schnittlauch vertreiben viele Schädlinge, deshalb empfiehlt es sich, Schnittlauch an Beeträndern zu pflanzen. Kaufen Sie für die Weiterkultivierung keinen Treibschnittlauch im Winter im Supermarkt. Der Topf wird bei dieser Art der Produktion in heißes Wasser getaucht, sodass er schneller austreibt. Die Wurzeln nehmen dabei Schaden und können nicht mehr neu durchtreiben.

Ernte und Verwendung

Schnittlauch sollte immer roh verzehrt werden. Beim Kochen verliert er viele Vitamine, Kalium und ätherische Öle. Ernten Sie Schnittlauch ganzjährig, sobald die Halme mehr als 10 cm hoch sind. Schnittlauch würzt mit seinem zarten, zwiebelartigen Geschmack zahlreiche Gerichte. Am besten schmeckt er zu Butterbrot und Eierspeisen, aber auch in Salaten, Kräuterquark, Kartoffelsalat und zu Rindfleisch. Die Blüten kann man ebenfalls verwenden, sie sind nur schwächer im Geschmack. Zur Konservierung frieren Sie Schnittlauch besser ein, beim Trocknen verliert er die wertvollen Inhaltsstoffe. Zum Beispiel schwefelige Verbindungen wie Diallylsulfide, Vitamin C und ätherische Öle. Schnittlauch hat einen positiven Effekt auf die Verdauung, löst Blähungen und regt den Appetit an, er ist antibakteriell, schleimlösend und harntreibend.

Die Halme beim Ernten 1–2 cm über dem Boden abschneiden, die Pflanze treibt dann wieder durch.

Tremls Kräuterwissen

Aufpassen – nicht bei abnehmendem Mond verpflanzen, das nimmt er persönlich übel. Wenn man einen wunderschönen Schnittlauch haben will, soll er erbettelt oder gestohlen sein.

ENTSCHEIDUNGSHILFE

Pflanze kaufen
Im Garten und im Topf ziehen

....

THYMIAN

(Thymus vulgaris), der Echte Thymian, wird auch »Quendel« genannt. Er ist ein Lippenblütler, dessen Gattung über 200 Arten umfasst und sich auf beinahe der ganzen Welt wohlfühlt.

Beschreibung

Der Echte Thymian ist ein mehrjähriger, winterharter und verholzender Halbstrauch, der bis 30 cm hoch und breit und eher niederliegend wächst. Die Blätter sind oval und winzig klein. Umso größer ist dafür das Aroma der ganzen Pflanze. Die unzähligen kleinen Lippenblüten erscheinen von Juni bis September. Die Pflanze blüht rosa bis violett, manche Kulturformen auch weiß. Thymian ist eine echte Bienenpflanze, die fleißigen Bestäuber lieben ihn.

Herkunft und Vorkommen

Der Echte Thymian stammt aus dem westlichen Mittelmeergebiet, wo er als echter Asket auch in Felsritzen, in ausgedörrter Macchia und an

Berghängen wächst. Andere *Thymus*-Arten stammen auch aus Afrika.

Anbau

Bei Thymian gilt »weniger ist mehr«, außer beim Standortfaktor Sonne. Der Echte Thymian braucht einen vollsonnigen Platz, ansonsten aber fast nichts. Für diese genügsame Pflanze sollte die Erde nicht zu reichhaltig sein, am besten magern Sie Ihren Gartenboden oder die gekaufte Blumenerde mit Sand ordentlich ab. Thymian ist die ideale Anfängerpflanze, denn gießen müssen Sie den Thymian im Garten nie, im Topf höchst selten. Düngen sollte man den Thymian auch nicht oft, einmal pro Jahr reicht. Wenn Sie Thymian selbst säen möchten, können Sie das ab März auf der Fensterbank oder ab Mai im Freien tun. Thymian ist ein **Lichtkeimer**, die Samen müssen also nicht mit Erde bedeckt, sondern nur gut auf dem Substrat angedrückt werden. Aber Achtung: Da der Samen sehr fein ist, ist eine Direktsaat nicht zu empfehlen. Sie bekommen garantiert zu dichte Bestände, die dann nicht gut wachsen. Säen Sie in eine Schale und vereinzeln Sie die Pflanzen auf 20 cm Abstand im Beet oder in einzelne Töpfe, wenn sie das zweite Blattpaar gebildet haben. Da der Thymian winterhart, ausdauernd und über Stecklinge leicht vermehrbar ist, ist es fraglich, ob sich eine Aussaat lohnt. Eventuell ist es besser, eine oder zwei fertige Pflanzen beim Gärtner zu kaufen. Die Vermehrung über Stecklinge ist einfach: Schneiden Sie dazu ein paar junge Triebe vor der Blüte ab. Kürzen Sie diese von unten auf 5 cm Länge. Entfernen Sie anschließend die unteren Blätter und stecken Sie die Triebe in Gefäße, die mit feuchter Aussaaterde oder Sand gefüllt sind. Stülpen Sie für die nächsten beiden Wochen Gefrierbeutel darüber, damit die Luftfeuchte darunter hoch bleibt. Danach sind die

Thymian ist mit dem kleinsten Fleckchen Erde zufrieden, er gedeiht in Topf- und Steingärten.

Triebe bewurzelt und eine neue Pflanze kann daraus wachsen. Über den Winter sollte Thymian im Topf etwas Winterschutz bekommen, damit er bei sehr tiefen Temperaturen nicht erfriert. Also stellen Sie den Topf z. B. auf eine Styroporplatte oder wickeln Sie eine Jutematte darum. Decken Sie den Thymian anschließend oben mit etwas Reisig ab. Entfernen Sie die Auflage aber im ausgehenden Winter rechtzeitig, damit Licht an die Pflanze gelangen kann und keine Fäulnis entsteht. Thymian im Beet benötigt keinen Winterschutz.

Ernte und Verwendung

Thymian können Sie jederzeit ernten. Schneiden Sie dazu ganze Triebe ab und streifen Sie die Blätter ab. Die Ästchen verholzen leicht und sind dann nicht so angenehm zu essen. Thymian eignet sich für den Frischverzehr ebenso wie zum Mitkochen. Thymian kann man exzellent trocknen. Dazu binden Sie ein paar Triebe zusammen und hängen Sie diese kopfüber an einem schattigen und luftigen Platz zum Trocknen auf. Ebenso gut lässt er sich einfrieren. Er verliert bei beiden Konservierungsarten kaum an Aroma. Als Bestandteil der Mischung »Kräuter der Provence« wird er zu vielen mediterranen Gerichten gegeben. Er schmeckt würzig aromatisch, ähnlich dem Majoran, aber etwas herber als dieser. Er passt zu Fleisch, Fisch, Gemüsegerichten, Käse und zu Nachspeisen. Thymian enthält viele ätherische Öle (Thymol, Borneol, Linalool, Pentosan) aber auch Saponine, Glykoside und Gerbstoffe. Er wirkt beruhigend und krampfstillend, schleimlösend und antiseptisch. Er soll bei Gelenkrheumatismus und Asthma sowie Mundgeruch helfen. Thymian ist Bestandteil vieler Erkältungsarzneien.

Dieser Zitronen-Thymian *(Thymus × citriodorus)* hat gelb gerändertes Laub, es gibt auch Varianten in Weiß.

Verschiedene Arten und Sorten

Von den über 200 Arten der Gattung Thymian gibt es wiederum einige Sorten und Varietäten. Die meisten kultivierten Sorten sind aber als Duft- und Schmuckpflanzen im Garten einzusetzen. Sie eignen sich nicht zum Verzehr, weil sie teilweise sehr streng schmecken. Dem Echten Thymian sehr ähnlich ist der Joch-Thymian *(Thymus zygis)*. Letzterer wird aber nur als Arzneipflanze angebaut. Die wichtigsten Arten für Küche und Hausmittelapotheke stellen wir hier kurz vor:

Breitblättriger Thymian *(Thymus pulegioides)*

Dieser Thymian wird auch als Arznei-Thymian oder Feld-Thymian bezeichnet. Er wächst als Halbstrauch bis zu einer Höhe von etwa 25 cm. Er bildet sehr ledrige Blätter aus, die sehr gut an trockene Standorte angepasst sind. Genau aus demselben Grund kann dieser Thymian Wurzeln bekommen, die bis zu 1 m tief reichen.

Sand-Thymian *(Thymus serpyllum)*

Dieser Thymian wächst sehr niedrig, dafür bodendeckend. Er mag im Gegensatz zum Echten Thymian keinen Kalk. Er kommt natürlicherweise in kühleren Regionen Mitteleuropas vor und besiedelt dort sandige, trockene Standorte. Man kann ihn sehr gut zwischen Trittsteine oder in Pflasterfugen setzen, denn er ist sogar trittfest. Bei müden Füßen wirkt es anregend, wenn man barfuß darüber läuft. Er braucht kaum

Wasser und ist sehr tolerant, was den Boden betrifft.

Zitronen-Thymian
(Thymus × citriodorus)

Diese Thymian-Hybride duftet und schmeckt zitronenfrisch. Er ist gut im Steingarten, im Topf oder am Beetrand zu verwenden, da er nicht höher als 20 cm wird. Die Blätter sind als Gewürz, Tee oder als Aromaspender für Essig und Öl geeignet.

Kümmel-Thymian
(Thymus herba-barona)

Kümmel-Thymian wird auch Korsischer Thymian genannt. Es ist eine niedere, kriechende Thymian-Art, die dichte Duftmatten bildet und maximal 10 cm hoch wird. Er blüht sehr reich von Juni bis September. Er enthält viel Carvon (Hauptbestandteil des ätherischen Kümmelöls) und schmeckt daher sehr kümmelähnlich. Sie können diesen Thymian wie Kümmel verwenden. Die Blüten passen zum Beispiel gut als Zierde und Würze in den Salat oder in den Kräuterquark.

Tremls Kräuterwissen

Ein Thymiankranz im Haus soll gegen Blitzschlag und Erdstrahlen helfen. Ein alte Redensart lautet: »Der nächste Schnupfen kommt bestimmt, doch nicht zu dem, der Thymian nimmt.«

ENTSCHEIDUNGSHILFE

Pflanze kaufen
Im Garten und im Topf ziehen

....

Wunderschön blühende und duftende Matten bilden *Thymus serpyllum* 'Pink Ripple' (links) und *Thymus × citriodorus* 'Creeping Lemon' (rechts im Bild).

TRIPMADAM

(Sedum rupestre, Syn. *Sedum reflexum)* nennt man auch »Felsenfetthenne« oder »Felsen-Mauerpfeffer« und gehört als einziges Küchenkraut zur Familie der Dickblattgewächse.

Beschreibung

Die Tripmadam ist mehrjährig und winterhart. Sie wächst 10 bis 20 cm hoch und breit, kriechend und auch hängend. Die blaugrünen, fleischigen, nadeligen und spitz zulaufenden Blätter dienen als Wasserspeicher. Die gelben Blüten sind in einem doldenähnlichen Blütenstand vereint, die Blütezeit reicht von Juni bis August.

Herkunft und Vorkommen

Die Tripmadam entstammt dem nördlichen Mittelmeerraum, wo sie auf trockenen, sandigen, kargen Böden an Felsen und Geröllhängen wächst. Sie ist aber seit vielen Jahren in Mitteleuropa in Kultur.

Anbau

Die Tripmadam braucht einen vollsonnigen Standort mit nährstoffarmem, sandigem Boden. Es genügen ihr auch Mauerspalten oder der Steingarten. Achten Sie beim Kauf von Saatgut darauf, Samen der wilden Art zu bekommen. Verschiedene Züchtungen haben eine niedrige Keimrate, gehen also schlecht auf und haben noch dazu kein Aroma. 'Chocolate Ball' z. B. ist eine hübsche Sorte mit braunem Laub und

'Blue Spruce' bildet frostblaue Sprosse und Blätter. Beide sind sehr hübsch, aber nicht als Würzkraut zu verwenden. Sie können die Samen der richtigen Tripmadam ab März drinnen oder draußen aussäen, er wird allerdings erst keimen, sobald es an die 20 °C hat. Dabei decken Sie den Samen nicht oder nur ganz leicht mit Sand ab, denn Tripmadam ist ein **Lichtkeimer**. Wenn Sie fertige Pflanzen in der Gärtnerei kaufen, achten Sie auch hier auf die richtige Art (botanische Bezeichnung!). Es gibt viele Verwandte der Tripmadam, die ihr ähneln, aber leicht giftig und nicht schmackhaft sind. Im Handel viel üblicher ist zum Beispiel der leicht giftige Scharfe Mauerpfeffer *(Sedum acre)*. Von Krankheiten wird die Pflanze nicht befallen, nur für Schnecken ist sie interessant. Gießen müssen Sie die Tripmadam im Garten nicht, im Topf höchst selten. Tripmadam ist sehr leicht über Stecklinge zu vermehren. Bricht man einen Spross ab und steckt ihn in den Sand, bekommt er sofort Wurzeln, wenn man ihn ein wenig feucht hält.

Ernte und Verwendung

Tripmadam sollten Sie vor der Blüte ernten und nur die frischen Triebe verwenden. Das Kraut zu trocknen ist bei der Tripmadam nicht anzuraten, es verliert das Aroma. Einfrieren ist möglich, eigentlich aber nicht unbedingt nötig, da die Tripmadam eine ausdauernde Pflanze ist, die ständig geerntet werden kann. Tripmadam ist hierzulande noch nicht sehr bekannt. Ihr säuerlicher Geschmack bringt das gewisse Etwas für Eintöpfe oder Kartoffelgerichte, Suppen und Salate. Zur Herstellung von Kräuteressig wird sie in Frankreich zusammen mit Zitronenmelisse und Thymian verwendet. Dort findet man Tripmadam auch in Kräuterquarks und Remouladen. Tripmadam enthält verschiedene Vitamine und Mineralstoffe, die adstringierend und wundheilend wirken. Der Blättersaft kann bei Sonnenbrand, Insektenstichen und zu Umschlägen bei Verbrennungen verwendet werden. Tripmadam enthält auch Alkaloide, die bei vermehrtem Genuss leicht giftig sind.

Die Sorte 'Angelina' ist hübsch und für Dachbegrünungen geeignet. Für die Küche ist die reine Art aber besser.

Tremls Kräuterwissen

Die Tripmadam diente früher als Familienorakel: Waren die Triebe und Blätter bis Weihnachten grün, war die Familiensituation in Ordnung. War ein Mensch des Hauses verreist und trocknete die Pflanze währenddessen ein, konnte man sich auf ein Unglück vorbereiten.

ENTSCHEIDUNGSHILFE

Pflanze kaufen
Im (Stein-)Garten oder Trog ziehen

....

ZITRONENGRAS

(Cymbopogon citratus) heißt auch »Sereh« und ist der einzige Vertreter der Süßgräser unter den beliebtesten Küchenkräutern. Es ist vor allem aus der asiatischen Küche nicht wegzudenken.

Beschreibung

Zitronengras ist mehrjährig und immergrün, aber in unseren Breiten nicht ganz winterhart. Temperaturen bis –5 °C kann das Zitronengras noch verkraften, darunter stirbt es ab. Es wächst bis zu 150 cm hoch und bildet einen dichten Horst aus einem unterirdischen Sprosssystem, dem Rhizom. Die Halme sind hellgrün mit violett überlaufener Basis. Es bildet am Naturstandort grastypische Rispenblüten aus, in unseren Breiten blüht das Zitronengras aber so gut wie nie.

Herkunft und Vorkommen

Das Zitronengras wächst in den tropischen Gebieten Asiens und stammt wahrscheinlich ursprünglich aus Indien oder Sri Lanka.

Anbau

Zitronengras braucht einen nährstoffreichen, trockenen und sandigen Boden. Den Samen säen Sie am besten schon ab Februar in Gefäßen auf der Fensterbank aus, denn er benötigt für die Keimung circa drei Wochen bei Temperaturen zwischen 20 und 22 °C. Die Pflanze ist ein **Dunkelkeimer**, deshalb decken Sie die Samen leicht mit Erde ab. Setzen Sie, wenn Sie die Pflanze mehrjährig ziehen wollen, die jungen Pflänzchen jeweils einzeln in ein großes Gefäß, denn Zitronengras kann nicht im Freien überwintern und bildet ein weitreichendes Wurzelwerk aus. Der Pflanzabstand zu anderen Pflanzen im Garten sollte 50 cm betragen. Längere Regenperioden und/oder Staunässe verträgt die Pflanze nicht. Magern Sie die Gartenerde oder das Topfsubstrat mit Sand ab. Gießen Sie im Topf nur wenig, im Garten am besten gar nicht. Ein vollsonniger Standort auf der regengeschützten Terrasse oder dem Balkon wäre der Optimalfall. Überwintern Sie das Zitronengras bei normaler Raumtemperatur im Zimmer. Eine ganzjährige Kultur im Haus ist möglich, die Pflanze braucht aber einen Platz an einem sehr warmen und sonnigen Fenster. Vermehren kann man das Zitronengras gut über Wurzelstecklinge. Stellen Sie einen Stängel, den Sie mit der Stängelbasis abgeschnitten haben, ins Wasser. Er bewurzelt schnell und Sie können daraus eine neue Pflanze ziehen.

Zitronengrasstängel sind limettengrün und an der verdickten Basis lila überlaufen.

Ernte und Verwendung

Schneiden Sie für die Ernte die Pflanzenstängel oberhalb der Wurzel vom Grasbüschel ab. Die schilfartigen Laubblätter trennen Sie ab. Zurück bleibt ein bis 15 cm langer Stängel. Zitronengras hält sich im Kühlschrank sehr gut, verwenden Sie es frisch. Eingefroren oder getrocknet, bleibt das Aroma einigermaßen erhalten. Geben Sie das würzige Gras immer erst am Ende der Garzeit zu den Speisen. Zitronengras schmeckt sehr frisch, kühlend wie Menthol und ein wenig seifig. Es ist in der asiatischen Küche essenziell, vor allem in der Thai-Küche. Zitronengras passt gut in asiatische Suppen, zu Fisch und Hähnchenfleisch. Es hat einen hohen Anteil an ätherischen Ölen (Citral, Limonen, Terpineol, Pinen etc.), Flavonoiden, Vitaminen und Mineralstoffen. Die Inhaltsstoffe wirken verdauungsfördernd, krampflösend, desinfizierend, antibakteriell, schweiß- und harntreibend. Positiven Einfluss nimmt Zitronengras bei Ein- und Durchschlafproblemen, Nervosität und Unruhe. Es kann bei nervösen Magen- und Darm- sowie rheumatischen Beschwerden hilfreich sein.

Tremls Kräuterwissen

In Indien verwendet man Zitronengras, um Hautflechten und Krätze zu heilen. Mit einer äußerlichen Anwendung eines Tees aus Zitronengras kann man Läuse loswerden.

ENTSCHEIDUNGSHILFE

Pflanze kaufen
Im Topf kultivieren

....

ZITRONENMELISSE

(Melissa officinalis) ist ein Vertreter der Lippenblütler, der sehr durchsetzungsfähig und äußerst langlebig ist. Sie kann bis zu 25 Jahre alt werden.

Beschreibung

Die Zitronenmelisse ist sehr ausdauernd und winterhart. Sie ist sehr wüchsig und wird meist bis 60 cm hoch, manchmal auch höher. Die weißen, kleinen Blüten zeigen sich von Juni bis August. Die Blätter sind breit eiförmig, der Blattrand ist grob gesägt.

Herkunft und Vorkommen

Die Pflanze wächst wild von der Türkei über den Kaukasus bis nach Pakistan. Sie kam mit den Römern aus dem Mittelmeerraum zu uns.

Anbau

Melisse bevorzugt einen mäßig feuchten Boden bei Sonne oder im Halbschatten. Die Aussaat kann ab März auf der Fensterbank oder ab Mai direkt im Beet oder im Topf erfolgen. Drücken Sie die Samen etwa einen halben Zentimeter tief in die Erde, decken Sie ihn aber nicht mit Erde ab, weil Melisse ein **Lichtkeimer** ist. Da die Keimrate von Melisse nicht gerade die beste ist, laufen nach drei bis vier Wochen meist nur die Hälfte der Samen auf. Das macht nichts, denn damit erübrigt sich meist die Vereinzelung oder Ausdünnung. Wer etwas nachhelfen will, kann

Melissesamen einen Tag in Wasser vorquellen und darauf achten, die Samen nach dem Aussäen immer feucht zu halten. Melisse sollten Sie mittelmäßig viel gießen, ähnlich wie Petersilie. Bei zu viel Feuchtigkeit oder Staunässe bekommen die Pflanzen ziemlich schnell schwarz gefleckte Blätter. Schneiden Sie die Melisse dann zurück, sie wächst zügig nach. Gießen Sie künftig weniger. Leider bekommt Melisse auch öfter Pilzkrankheiten, die sich in weißen oder grauen Belägen auf oder unter dem Blatt oder in Pusteln zeigen. Auch hier hilft nur radikales Zurückschneiden. Über eine Kompostgabe im Frühjahr oder eine regelmäßige Flüssigdüngung im Topf freut sich die Melisse sehr und bedankt sich mit fast wucherndem Wachstum. Einfach vermehren kann man die Pflanze durch Teilung von April bis September. Man bekommt sofort nachwachsende, robuste Pflanzen.

Ernte und Verwendung

Verwenden Sie nur die Blätter. Schneiden Sie dafür die Stiele vor Blühbeginn ab, zupfen Sie die Blätter ab und verbrauchen Sie sie frisch. Bei Melisse kann durchgehend geerntet werden, sie wächst beständig nach. Sie können Melisse jedoch auch gut kopfüber aufgehängt im lichten Schatten trocknen. Melisse schmeckt frisch, zitronig und süßlich. Sie passt gut zu Saucen, Nachspeisen, Süßspeisen und erfrischenden Getränken. Die getrockneten Blätter kann man pulverisiert als Kuchengewürz verwenden.

Melisse enthält Kaffeesäure, Rosmarinsäure und sehr viele ätherische Öle wie Citral, Citronellal, Linalool, Geraniol. Dazu Gerbstoffe, Bitterstoffe, Vitamine, Mineralstoffe und viel Kalium. Sie wirkt belebend, krampflösend, beruhigend, nervenstärkend, schlaffördernd, magenstärkend, schweißtreibend, leber- und galleanregend

Melissen-Tee wirkt ausgleichend. Abends lässt er zur Ruhe kommen und bei Abgespanntheit belebt er.

sowie kräftigend. Melisse empfiehlt sich aufgrund der blutverdünnenden Wirkung als Tee bei Krampfadern. Einreibungen mit Melissenöl werden bei rheumatischen Schmerzen, Gelenkschmerzen, Neuralgien und Kopfschmerzen angewendet.

Tremls Kräuterwissen

Bei magischen Räucherungen, in denen man um Schutz für Haus und Hof, um Liebe und Heilung bittet, darf Melisse nicht fehlen. Früher wurde den Studenten Melisse gegeben, um ihren Verstand und das Erinnerungsvermögen zu schärfen.

ENTSCHEIDUNGSHILFE

Leicht zu säen
Im Garten pflanzen

....

ZITRONENVERBENE

(Aloysia triphylla, Syn. *Lippia citriodora)*, französisch klangvoll »verveine« genannt, ist ein Eisenkrautgewächs und außer in der Küche auch in der Kosmetik sehr beliebt.

Beschreibung

Die Zitronenverbene ist ein ausdauernder, laubabwerfender Strauch. Er ist in unseren Breiten nicht winterhart, kann bei guter Pflege aber bis 2 m hoch werden. Die Blätter sind hellgrün, länglich, 4 bis 10 cm lang und haben eine starken Zitronenduft. Die weißen Blüten erscheinen im August und September in rispenartigen Blütenständen, ähnlich denen des Sommerflieders.

Herkunft und Vorkommen

Die Pflanze stammt aus den subtropischen Gebieten Südamerikas (Chile, Peru, Uruguay etc.). Sie ist seit Ende des 19. Jahrhunderts in Europa in Kultur.

Anbau

Die Pflanze braucht einen warmen, sonnigen bis maximal halbschattigen Platz. Die Zitronenverbene mag nährstoffreichen, durchlässigen Boden. Da die Pflanze nicht winterhart ist, ist die Kultur in einem großen Gefäß am sinnvollsten. Verwenden Sie dafür ein strukturstabiles, nährstoffreiches, lockeres Substrat mit hohem Sandanteil. Eine Aussaat auf der Fensterbank ist möglich, allerdings langwierig und schwierig. Besser kaufen Sie eine Pflanze in der Gärtnerei.

Versorgen Sie sie alle 14 Tage mit Flüssigdünger und gießen Sie regelmäßig, aber nicht zu viel. Die Pflanze verträgt kurzzeitig trockene Erde, jedoch keine Staunässe. Fühlen Sie mit der Fingerprobe, ob die Erde leicht feucht, aber krümelig ist. Zu nass ist die Erde, wenn sie zusammenklebt oder Wasser sichtbar steht. Die Pflanze wird dann anfällig für Schädlinge. Vermehren Sie die Pflanze über Stecklinge. Schneiden Sie dazu einige Triebe ab. Kürzen Sie diese von unten auf 5–7 cm und stecken Sie sie in einen Topf mit feuchter Erde. Stülpen Sie für ein bis zwei Wochen eine durchsichtige Plastiktüte (z. B. Gefrierbeutel) darüber. Die Stecklinge bilden Wurzeln aus und Sie haben eine neue Pflanze. Überwintern Sie die Zitronenverbene hell und frostfrei. Optimal ist eine Temperatur von 15 °C, es geht aber auch kühler. Nicht erschrecken, die Pflanze wirft die Blätter über den Winter mehr oder weniger ab. Gießen Sie die Pflanze im Winterquartier gelegentlich (14-tägig, keine große Menge). Schneiden Sie die Pflanze nach dem Winter um etwa die Hälfte zurück, dann treibt sie neu durch.

Zitronenverbene bringt eine wunderbare Frische ins Zwetschgenkompott.

Ernte und Verwendung

Die Blätter kann man das ganze Jahr abzupfen, am besten schmecken sie im Sommer. Verwenden Sie sie frisch oder getrocknet. Legen Sie sie für Letzteres auf Küchenkrepp an einem schattigen luftigen Platz aus. Das Aroma bleibt sehr gut erhalten. Zitronenverbene duftet und schmeckt sehr erfrischend und intensiv nach Zitrone. Sie passt zu Fisch und Geflügel und eignet sich wunderbar zur Aromatisierung verschiedener Süßspeisen und Getränke. Zitronenverbene enthält sehr viele ätherische Öle (Citral, Limonen, Geraniol), Flavonoide, Vitamine und Bitterstoffe. Sie wirkt stoffwechselanregend, verdauungsfördernd, beruhigend und angstlösend. Als Heilpflanze wendet man sie bei Magen- und Darmbeschwerden, Nervosität, Erkältung, Fieber und Asthma an. In Frankreich nutzt man »Verveine« als Einschlaftee. Bei übermäßigem Genuss des Tees entsteht Konzentrationsunfähigkeit, bei 1–2 Tassen pro Tag besteht keine Gefahr.

Tremls Kräuterwissen

Zitronenverbene können Sie auch als Insektenrepellent verwenden oder getrocknet als frischen Wäscheduft in Säckchen in den Kleiderschrank hängen.

ENTSCHEIDUNGSHILFE

Pflanze kaufen
Im Topf ziehen

....

ADRESSEN UND LITERATUR

Bezugsquellen für Pflanzen und Saatgut

Pflanzen

Kaufen Sie Kräuterpflanzen am besten in Ihrer Gärtnerei vor Ort. Besonderes erhalten Sie hier:

Raritätengärtnerei Treml
Inh. Jan Kalivoda
Eckerstraße 32
93471 Arnbruck
Tel: 0 99 45/90 51 00
Fax: 0 99 45/90 51 0 1
E-Mail: info@pflanzentreml.de
www.pflanzentreml.de

Gärtnerei helenion
Inh. Mirko Wersin
Kleine Straße 2a
17291 Grünow
Tel: 03 98 57/39 85 9
Fax: 03 22 29/88 84 57
E-Mail: info@helenion.de
www.helenion.de

Rühlemann's
Kräuter & Duftpflanzen
Auf dem Berg 2
27367 Horstedt/ROW
Bestell-Telefon:
0 42 88/92 85 58
(Montag bis Freitag von 8–13 und 14–16 Uhr)
Fax: 0 42 88/92 85 59
E-Mail: info@kraeuter-und-duftpflanzen.de
www.kraeuter-und-duftpflanzen.de

Kräuter Simon
Strengweg 1
Efkebüll
25842 Langenhorn
Tel: 0 46 72/77 67 99
Fax: 0 46 72/77 67 98
E-Mail: info@kraeuter-simon.de
www.kraeuter-simon.com

Syringa Duftpflanzen und Kräuter
Untere Gräben (Gärtnerei)
78247 Binningen
Tel.: 0 77 39/14 52
Fax: 0 77 39/677
E-Mail: info@syringa-pflanzen.de
www.syringa-pflanzen.de

Mussärol
Bamberger Kräutergärtnerei
Gertrud Leumer
Dipl. Ing. (FH) Landespflege
Nürnberger Straße 86
96050 Bamberg
Tel.: 09 51/22 02 3
Fax: 09 51/20 86 03 2
E-Mail: post@biokraeuter.info
www.biokraeuter.info

Kräutergärtnerei Valeriana
Stefan Bünge/Anne Masuch
Blumenstraße 25
99092 Erfurt
E-Mail: post@valeriana-kraeuter.de
www.valeriana-kraeuter.de

Kräutergärtnerei Sagan
Rüdiger Sagan
Friedensstraße 2
08491 Netzschkau OT Brockau
Tel. 0 37 65/30 96 41 5
Fax: 0 37 65/30 93 95 8
E-Mail: info@druwido.de
www.druwido.de

Bio Gärtnerei Christian Herb
Heiligkreuzerstraße 70
87439 Kempten im Allgäu
Tel: 08 31/93 33 1
E-Mai: info@bio-Kraeuter.de
www.bio-kraeuter.de

Staudengärtnerei Gaißmayer
GmbH & Co. KG
Jungviehweide 3
89257 Illertissen
Tel: 0 73 03/72 58
Fax: 0 73 03/ 42 18 1
E-Mail: info@gaissmayer.de
www.pflanzenversand-gaissmayer.de

Gärtnerei Strickler
Bioland-Gärtnerei für Kräuter und Wildpflanzen
Wormser Straße 78
55232 Alzey
Tel.: 0 67 31/38 31
Fax: 0 67 31/39 29
E-Mail: strickler@t-online.de
www.gaernerei-strickler.de

Saatgut bestellen

www.samenhaus.de
www.bio-saatgut.de
www.bingenheimersaatgut.de
www.magicgardenseeds.de
www.dreschflegel-saatgut.de
www.duerr-samen.de
www.volmary.com
www.biogartenversand.de

Weiterführende Literatur

Mein Kräuterbuch
Marie-Luise Kreuter, BLV-Buchverlag, München, 2012, 264 S.

Kräuter kompakt
Ute Bauer, BLV-Buchverlag, München, 2014, 144 S.

Kräuter aus dem Garten
Franz-Xaver Treml, Frankh-Kosmos Verlag, Stuttgart, 2013, 320 S.

Kräuter für jeden Geschmack
Engelbert Kötter, Gräfe und Unzer Verlag München, 2015, 288 S.

70 Küchenkräuter von A-Z
Katrin Wittman, Gräfe und Unzer Verlag München, 2013, 160 S.

Die Kräuter-Liesel
Liesel Malm, Bassermann Inspiration, 2013, 208 S.

Der große Kräuterführer
Jekka McVikar, Bassermann Verlag, 2013, 256 S.

Kräuter richtig anbauen
Andrea Heistinger, Löwenzahn Verlag, 2016, 313 S.

STICHWORTVERZEICHNIS

A

Abdeckung 43, 48, 73
Allium schoenoprasum 78
Allium ursinum 24f.
Aloysia triphylla 90
Anethum graveolens 40
Anthriscus cerefolium var. *cerefolium* 46
Aphrodisiakum 39, 69
Artemisia dracunculus 42
Artemisia vulgaris 30
Aufbewahren 21
Ausläufer 58f.
Aussaaterde 10, 81

B

Bärlauch 24f.
Basilikum 26f.
Basilikum, Rotes 29
Basilikum, Strauch- 29
Basilikum, Thai- 29
Basilikum, Zitronen- 29
Bauerngarten 9
Beifuß 30
Bibernelle, Kleine 32
Bienen 37, 80
Blattbeschaffenheit 16
Blattläuse 35, 47, 65
Boden 14 ff.
Bohnenkraut 34
Bohnenkraut, Berg- 34
Bohnenkraut, Sommer- 35
Bohnenkraut, Zitronen- 35
Borago officinalis 36
Borretsch 36
Brunnenkresse 38

C

Chrysolina herbaceae 59
Claytonia perfoliata 67
Coriandrum sativum 48
Cymbopogon citratus 86

D

Dill 40
Diplotaxis tenuifolia 68
Direktsaat 20
Direktsaat 20, 81
Dost, Echter 62
Dragon 42
Dünger 15
Dunkelkeimer 19

E

Einfrieren 21
einjährig 27
Ernten 21
Eruca versicaria ssp. *sativa* 68
Estragon 42
Estragon, Französischer 42f.
Estragon, Russischer 42f.

F

Felsenfetthenne 84
Felsen-Mauerpfeffer 84
Frostkeimer 19

G

Gänsekraut 30
Gartenkresse 50
Garten-Senfrauke 68
Gießen 16 ff.
Gießmenge 17
Graslauch 78
Gurkenkraut 36, 40

H

Halbschatten 14, 24, 30, 38, 41, 44, 47, 50, 52, 59, 64, 76, 88
Heilpflanzen 9, 60
Hornmehl 15
Hornspäne 15
Huminstoffe 15
Humos 10, 15
Humus 15

I,J

Jakobszwiebel 78

K

Kaltkeimer 19
Kapuzinerkresse 44
Keimrate 84, 88
Kerbel 46
Kompost 15
Königskraut 26f.
Konservieren 10, 21
Koriander 48
Kresse 50
Kübelpflanze 55, 76

L

Laurus nobilis 54
Lepidium sativum 50
Levisticum officinalis 52
Lichtkeimer 19
Liebstöckel 52
Lippia citriodora 90
Lorbeer 54

M

Maggikraut 52
Majoran 56
Majorana hortensis 56
Mehltau 47, 59, 67, 73
Mehltau, falscher 47
Melissa officinalis 88
Mentha × carinthia 61
Mentha × piperita 58
Mentha longifolia 58
Mentha spec. 58
- 'Nemorosa' 61
- 'Thai Bai Saranae' 61
Mentha spicata 58, 60
Mentha spicata var. *crispa* 60
Mentha suaveolens 61
Metha aquatica 58
Mineralisierung 15
Minze 58
- Apfel- 61
- Frucht- 61
- Hugo- 61
- Kärntner 61
- Marokkanische 60
- Mojito- 61
- Nana- 60
- Schokoladen- 60
- Thai- 61
Minzeblattkäfer 59
Minzrost 59

N

Nasturtium officinale 38

O

Ocimum basilicum 26f.
- 'Genovese' 28
Ocimum basilicum var. *purpurascens* 'Red Rubin' 29
Ocimum basilicum var. *thyrsiflora* 29
Ocimum citriodorum 29
Ocimum kilimandscharicum × basilicum purpurascens 29
Ocimum tenuiflorum 28
Oregano 62
Origanum majorana 56
Origanum vulgare 62

P

Petersilie 64
Petersilie, Glatte 65
Petersilie, Krause 65
Petroselinum crispum 64
Pfefferminze 58
Pflanzen 20
Pikieren 20
Pilzkrankheiten 59, 89
Pimpinella saxifraga 30
Portulaca grandiflora 67
Portulaca oleracea syn. *sativa* 66
Portulak 66
Portulak, Sommer- 66
Portulak, Winter- 67
Portulakröschen 67
Puccinia allii 79

R

Regenwasser 17
Reihensaat 19

Rhizom 52, 78, 86
Rosmarin 70
Rosmarinus officinalis 70
Rostpilze 47, 59, 79
Rucola 68
Rumex acetosa 76

S

Säen 19
Säen, breitwürfig 19
Salatrauke 68
Salbei, Ananas- 74
Salbei, Echter 72
Salbei, Honigmelonen- 75
Salbei, Muskateller- 75
Salvia elegans 75
Salvia officinalis 72
- 'Berggarten' 74
- 'Crispa' 74
- 'Icterina' 73
- 'Nazareth' 74
- 'Purpurascens' 74
- 'Tricolor' 74

Salvia rutilans 'Pineapple Scarlet' 74
Salvia sclarea 75
Satureja hortensis 35
Satureja montana 34
Satureja montana var. *citriodora* 35
Sauerampfer 76
Schildläuse 55, 71
Schlangenkraut 42
Schmalblättriger Doppelsame 68
Schmierläuse 55
Schnecken 27, 75, 77, 85
Schnittlauch 78
Sedum acre 85
Sedum reflexum 84
Sedum rupestre 84
- 'Angelina' 85
- 'Blue Spruce' 85
- 'Chocolate Ball' 84

Sereh 86
Staunässe 14ff.
Stecklinge 43, 54, 59, 63, 71, 81, 85, 87, 91
Substrat 14 ff.
Substratvolumen 16

T

Temperatur 16ff.
Thymian 80
- Breitblättriger 82
- Feld- 82
- Joch- 83
- Kümmel- 83
- Sand- 82
- Zitronen- 83

Thymus × citriodorus 83
- 'Creeping Lemon' 83

Thymus herba-barona 83
Thymus pulegioides 82
Thymus serpyllum 82
- 'Pink Ripple' 83

Thymus vulgaris 80
Thymus zygis 83
Tripmadam 84
Trockenstress 17
Trocknen 21
Tropaeolum majus 44
Tulsi 28

U

Überwintern 11, 33, 43, 55, 57, 71, 75, 87, 91

V, W

Vereinzeln 20
Waldknoblauch 24
Wasserkresse 38
Wilde Rauke 68
Winterschutz 43, 73, 81
Wurstkraut 56
Wurzelvolumen 16

X,Y,Z

Zitronengras 86
Zitronenmelisse 88
Zitronenverbene 90
Zwiebel 24, 65, 78

BILDNACHWEIS

Anna North – shutterstock.com: 40; Baumjohann: 19, 20u, 21; Brent Hofacker – shutterstock.com: 47; Brzostowska – shutterstock.com: 74; Dabjola – shutterstock.com: 52; Dejan Stanic Micko – shutterstock.com: 22/23; Denis and Yulia Pogostins – shutterstock.com: 48; Diana Taliun – shutterstock.com: 64; evegenesis – fotolia.com: 65r; Flora Press/Andrew Lawson: 61u; Flora Press/Botanical Images: 30; Flora Press/Christine Ann Föll: 35r; Flora Press/Florilegius: 9; Flora Press/Gary Smith: 20o; Flora Press/GWI: 8, 66, 75o, 85; Flora Press/Helga Noack: 69; Flora Press/John Glover: 75u; Flora Press/MAP: 83; Flora Press/Martin Hughes-Jones: 27; Flora Press/Nova Photo Graphik: 67, 88; Flora Press/Practical Pictures: 35l; Flora Press/Torie Chugg: 2/3; Flora Press/Ute Klaphake: 38; Flora Press/Visions: 4l, 16, 46, 71; gwolters – shutterstock.com: 50; HandmadePictures – shutterstock.com: 51, 53; ILEISH ANNA – shutterstock.com: 43; IngridHS – shutterstock.com: 65l; LENA GABRILOVICH – shutterstock.com: 37u; loflo69 – shutterstock.com: 70; Marek Gottschalk – fotolia.com: 6/7; Marie C Fields – shutterstock.com: 41; Mauritius images/Brigitte Protzel: 54; Mauritius images/Emilio Ereza/Alamy: 89; Mauritius images/Flowerphotos/Julian Nieman: 26; Mauritius images/Frank Hecker/Alamy: 29, 31, 42, 62; Mauritius images/Garden World Images/GWI/Gilles Delacroix: 10; Mauritius images/Garden World Images/GWI/Jacqui Dracup: 1, 78; Mauritius images/Garden World Images/GWI/Martin Hughes-Jones: 34; Mauritius images/Hans Reinhard: 86; Mauritius images/ImageBROKER/Paul Williams: 45; Mauritius images/ImageBROKER/Ulrich Niehoff: 32; Mauritius images/Inga Spence/Alamy: 58; Mauritius images/John Glover/Alamy: 28, 77; Mauritius images/Maximilian Weinzierl/Alamy: 76; Mauritius images/Minden Pictures/Jef Meul/NiS: 37o; Mauritius images/Nigel Cattlin/Alamy: 59; Mauritius images/Norbert-Zsolt Suto/Alamy: 87; Mauritius images/Organica/Alamy: 68; Mauritius images/Premium Stock Photography GmbH/Alamy: 56, 84; Mauritius images/Raimund Linke: 24; Mauritius images/Rob Whitworth Garden Photography/Alamy: 17; Mauritius images/Tim Gainey/Alamy: 61o, 81; Mauritius images/Werner Layer: 4r, 36; Mauritius images/West Studios: 80; Mauritius images/Westend 61/Gabi Woyciech: 15; Mauritius images/Zoonar Gmbh/Alamy: 14, 33; millefloreimages – fotolia.com: 39; NE – shutterstock.com: 5r, 72; Odua Images – shutterstock.com: 18; Ole Schoener – shutterstock.com: 25; Olha Sem – shutterstock.com: 44; pilipphoto – fotolia.com: 60; RiMue – shutterstock.com: 73; Showcake – shutterstock.com: 49; Skyprayer2005 – shutterstock.com: 82; StockFood/Winkelmann, Bernhard: 91; Strauß: 12/13, 55, 57, 79; Studio Grand Ouest – shutterstock.com: 90; Vera Dolezalova – shutterstock.com: 5l, 63; Vlasna – shutterstock.com: 11

ÜBER DEN AUTOR

Franz-Xaver Treml war 30 Jahre lang Inhaber der Raritätengärtnerei Treml in Arnbruck im Bayerischen Wald. Die ökologisch arbeitende Gärtnerei ist spezialisiert auf Kräuter in verschiedensten Arten und Sorten, exotische Pflanzen und Tomatensorten. Tremls besonderes Augenmerk gilt Kräutern aller Art, vor allem jenen mit heilpflanzlichen Eigenschaften. Auch aktuell im Ruhestand befasst er sich mit der Thematik und hält dazu vielbesuchte Vorträge. Bekannt wurde er unter anderem durch Beiträge über den »Kräuterpapst vom Bayerischen Wald« im regionalen TV und im Bayerischen Fernsehen.

Impressum

Bibliografische Information der Deutschen Nationalbibliothek
Die Deutsche Nationalbibliothek verzeichnet diese Publikation in der Deutschen Nationalbibliografie; detaillierte bibliografische Daten sind im Internet über http://dnb.d-nb.de abrufbar.

BLV Buchverlag GmbH & Co. KG
80636 München

© 2017 BLV Buchverlag GmbH & Co. KG, München

Das Werk einschließlich aller seiner Teile ist urheberrechtlich geschützt. Jede Verwertung außerhalb der engen Grenzen des Urheberrechtsgesetzes ist ohne Zustimmung des Verlags unzulässig und strafbar. Das gilt insbesondere für Vervielfältigungen, Übersetzungen, Mikroverfilmungen und die Einspeicherung und Verarbeitung in elektronischen Systemen.

www.facebook.com/blvVerlag

Umschlagkonzeption und Gestaltung: BLV-Verlag
Umschlagfotos:
Vorderseite: Stockfood/Peter Koijman
Rückseite: Olha Sem/shutterstock.com (links); Baumjohann (rechts)

Lektorat: Corina Steffl
Herstellung: Angelika Tröger
Layoutkonzept Innenteil: griesbeckdesign, Dorothee Griesbeck, München
Layout/DTP: griesbeckdesign, Dorothee Griesbeck, München

Gedruckt auf chlorfrei gebleichtem Papier

Printed in Germany
ISBN 978-3-8354-1671-0

Hinweis
Das vorliegende Buch wurde sorgfältig erarbeitet. Dennoch erfolgen alle Angaben ohne Gewähr. Weder Autor noch Verlag können für eventuelle Nachteile oder Schäden, die aus den im Buch vorgestellten Informationen resultieren, eine Haftung übernehmen.

BLV im WEB

In unserem Webshop warten weit über 500 lieferbare Titel zu den Themen Garten, Natur, Sport, Fitness, Kreativ und Kochen auf Sie.

Surfen Sie doch mal vorbei und bestellen Sie **versandkostenfrei**.

Versandkostenfrei bestellen: www.blv.de

blv